Christian Bommarius

Die neue Zensur

Wie wir selbst unsere Meinungsfreiheit bedrohen

Dudenverlag
Berlin

Für Marita Hecker

Dieses Stummsein ist meine Verdammnis.

Georg Büchner (1813–1837)

1

Im Juni 2018 hat sich im Deutschen Bundestag Folgendes zugetragen: In einer Geschäftsordnungsdebatte wird das Wort dem AfD-Abgeordneten Thomas Seitz, Staatsanwalt a. D., erteilt, der aber erklärt, schweigen zu wollen. Er widme die ihm zustehende Redezeit einer wenige Tage zuvor – mutmaßlich von einem Flüchtling – ermordeten 14 Jahre alten Schülerin. Die meisten Mitglieder seiner Fraktion erheben sich – einige grinsend – von ihren Plätzen. Die Vizepräsidentin des Bundestags, Claudia Roth (Bündnis 90/Die Grünen), fordert Seitz auf, zum Thema der Debatte zu sprechen, und verweist ihn des Rednerpults, als er dem Aufruf nicht Folge leistet. Wenige Minuten nach Roths Intervention, zu der sie nach der Geschäftsordnung und den Usancen des Parlaments nicht nur berechtigt, sondern verpflichtet war, starten völkische und rechtsextremistische Blogs gegen sie eine offensichtlich geplante Kampagne, innerhalb einer Woche erreichen sie 11 800 Hasskommentare auf Facebook und Hunderte Hassmails mit Vergewaltigungs- und Gewaltandrohungen, zum Beispiel: »Dich Vieh werden wir an Klavierdraht am Fleischerhaken hängen.« – »Du schäbiges Fettvieh.« Oder: »Du stinkendes häßliches Ungeheuer.« Die Vizepräsidentin des Bundestages habe es verdient, mit »Niggerscheiße« erschlagen und »in der Kläranlage entsorgt« zu werden.

Die Mitarbeiter Claudia Roths, das »Team Roth«, löschen auf

Facebook die brutalsten Hasskommentare und verweisen auf die Netiquette, also auf im Netz zu beachtende Umgangsformen. Dagegen protestieren Betroffene, Anhänger von Seitz und seiner Mitarbeiter, der »Brigade Seitz«. Sie beklagen die Unterdrückung der Meinungsfreiheit, einen Akt der Zensur.

Eine Auswahl:

Martin D.*: *Meinungsfreiheit wie in Nordkorea*

Peter K.: *Respektvolle Kommentare über diese Frau*in fallen mir äußerst schwer*

Marianne F.: *Ausgerechnet die redet von Netiquette, wie war das noch, Deutschland Du mieses Stück Scheisse???? Sowas wie die gehört nicht in die Politik sondern in ne Zwangsjacke*

Beate A.: *Also am besten keine Kritik, oder! Ihr habt es doch schon fast geschafft, daß sich niemand mehr traut Tacheles zu schreiben! Und das im Namen der Grünen ?! Ich bin echt sauer auf mich selbst das ich euch öfter gewählt habe!!!*

Ludwig B.: *Feie Meinungen werden hier anscheinend etikettiert. Mein Beitrag wurde auch gelöscht. Aber diese humanitäre Roth bleibt nicht ewig auf ihrem Sessel kleben.*

Matthias M.: *Kommentare löschen? Dann eröffnen Sie doch eine geschlossene Facebookgruppe. Da treten dann nur Menschen bei die ihrer Meinung sind. So können Sie in ganz kleiner Runde ausgiebig die Probleme der Welt diskutieren.*

Alex D.: *Meinungsfreiheit Fehlanzeige. Hinter ein Transparent der links Faschisten ANTIFA herlaufen und unterstützen wo drauf steht*

* Sämtliche Namen wurden geändert, C. B.

»Deutschland muss weg«»Deutschland verrecke« ich glaube da braucht man nichts weiter zu sagen.

Christian G.: *Also nur nette und arschkriecherische kommentare erwünsch? Richtig? Erst dann wenn sie auch Respekt zeigen. 1 schweigeminute für das getötete mädchen war nicht viel verlangt...und sie reden vonn nett und respekt.*

Joachim K.: *Sorry Demokratie kennen die Grünen nicht für die ist Demokratie nur was sie für richtig halten...alles andere nur Hetzer...und Frau Roth schon gar nicht...*

Eberhard P.: *Andere Sichtweisen gelten lassen?! Richte die Frage doch mal an deine Gesinnungsgenossen um Roth-Grün?*

Stefan F.: *Sie löschen JEDEN Kommentar der ihnen nicht passt. Egal ob beleidigend oder nur kritik. Demokratie gibts nict mehr wirklich. Zensur findet statt.*

Stefanie H.: *Es ist immer noch Meinungsfreiheit...!!!!... Und sie Frau Roth sind für den Bundestag untragbar geworden!!!!!!!!*

Manfred S.: *Aha, man erwartet hier respektvolle Kommentare. So wie man in den Wald ruft, schallt es zurück. Bei allem nötigen Respekt, diese Frau und auch alle anderen Politmarionetten sind eine Schande für das deutsche Volk! Meine Meinung, entsprechend dem Artikel 5 Grundgesetz.*

Peter K.: *Tja Frau Roth, wer gegen die Interessen des deutschen Volkes arbeitet, muss mit Gegenwind rechnen.*

Andreas V.: *Zensur der anderen Meinung nennt man quasi heutzutage »Netiquette«. Interessant......*
P. s. Wieviel von den 85 Mio wohnen den bei dir daheim???

Andreas V.: *Ahso...alles das jemand beleidigen könnte wird gelöscht?? Dann lösch dich mal selber....*

Michael B.: *Die Deutschlandhasser und Hetzer verweisen auf eine Netiquette...genau mein Humor.*

Thomas L.: *wie wärs den wenn sie sich auch daran halten würden? können wir dann ihre hetzerischen Posts und Kommentare auch löschen?*

Gerhard R.: *Netiquette? Wer die Wahrheit nicht verträgt...ist selbst drann Schuld! Merkel ist am Ende...und die Altparteien in gewisser Weise auch. Vor allen Dingen die Grünen werden wohl bald »verwelkt« sein.*

Christoph D.: *Respekt? Kenn die Fr. Roth und die Grünen doch garnicht? Oder wo bleibt der Respekt dem eigenen Volke gegenüber? Oder der Respekt den Eltern der getöteten Susann gegenüber?*

Johannes B.: *Das nennt man dann Meinungsdiktatur*

Sebastian L.: *Wie erkläre ich Ihnen möglichst höflich und respektvoll, meine Abneigung gegenüber Ihrer Person ohne dabei beleidigend zu werden? Richtig, ein Ding der Unmöglichkeit!*

Klaus S.: *Wunderbar Team Roth! Ich schätze euch sehr! Vor allen Dingen, wo ihr doch bei euch zu Hause soviel Goldstücke untergebracht habt, und sie liebevoll versorgt. Ich hoffe doch, jeder von euch hat 4 Akademiker und mindestens 2 minderjährige Alleinreisende aufgenommen. Tja, bald müsst ihr doch etwas zusammenrücken, da kommt noch die Familie! Aber ihr schafft das. Ich setze meine Hoffnung in euch. Ich bin leider ein ungläubiger Bürger und tue mich schwer. Ich werde aber zu Allah für euch beten! Lieben, herzlichen Gruß*

Ulrich G.: *hahaha...Wir wollen in weiser Voraussicht auf die Nettiquette hinweisen...das sagt ja schon einiges über das vertrauen in ihre eigenen worte aus...wenn man vorher schon weiss das etwas was man sagt auf harsche kritik stößt, sagt man lieber NICHT. Es ist generell besser wenn sie NICHTS sagen, da es auch niemand hören möchte...hoffe ich habe meine kritik Netiquette konform vorgetragen...fail des tages!*

David S.: *Meine Nettigkeit und Etikette verbietet mir, Ihnen zu sagen, verehrte Frau Roth, was ich von ihnen halte und denke. Es wäre aber überaus freundlich von ihnen, auch nett zu uns zu sein und einfach aus Deutschland zu verschwinden.*

Rebekka P.: *Sehr geehrte Fr. Roth, ich wäre unendlich glücklich, sie nicht mehr auf der politischen Bühne sehen zu müssen. Können sie nicht ein anderes Projekt beginnen und an die Wand fahren? Ist das nett gesagt?*

Thomas L.: *Genau wie die Schweigeminute für Susanna. Die hatte ja auch nichts mit der Geschäftsordnung zu tun. Das einzigste wo ihr versucht stark zu sein ist Leute mundtot zu machen. Das wird aber nicht passieren.*

Richard M.: *Wenn Sie Kommentare löschen dürfen, weil sie Ihnen nicht passen, warum darf das Volk dann nicht ihre „Arbeitsverträge" löschen ...?!*

Klaus W.: *So viel zur freien Meinungsäußerung.*

2

So viel Zensur war nie. Mag auch das Grundgesetz das Gegenteil behaupten, weiß doch inzwischen fast jeder deutsche Zeitgenosse, der sich für aufgeklärt und kritisch hält, dass die Meinungsfreiheit in diesem Land bedroht ist wie selten zuvor. Der Befund, heißt es, sei evident, auch die Zensoren scheint jeder zu kennen. Ein Problem ist jedoch, dass jeder andere nennt, wenn nach ihnen gefragt wird. Der eine hält die *political correctness* für ein Synonym der Zensur und entsprechend deren Vertreter – in der Regel aus dem »rot-grün versifften Milieu« – für deren Vollstrecker. Der andere stellt »die Medien« unter Generalverdacht, dem gesellschaftlichen Fortschritt als Werkzeug des reaktionären Systems unermüdlich entgegenzuarbeiten. Wer dem widerspricht und daran erinnert, von Razzien in Redaktionsräumen sei nur selten zu hören und es sei auch kein staatlicher Zensor bekannt, der Artikel, Bücher oder Filme vor ihrer Veröffentlichung genehmige, gilt als naiv und darf sich über hämisches Gelächter des Publikums nicht beklagen. Denn ist das Publikum in allem Übrigen auch zerstritten bis zur offenen Feindschaft – in der Überzeugung, Opfer der Zensur zu sein, steht es ungeteilt und unteilbar zusammen. Wenn der Triumph der Zensur in Deutschland also nach Lage der Dinge offenbar nicht bestritten werden kann, ist immerhin die Frage erlaubt: Was ist Zensur?

Das Grundgesetz (GG) weiß es nicht. Es verspricht nur so

lapidar wie unpräzise: »Eine Zensur findet nicht statt« (Art. 5 Abs. 1 Satz 3 GG). Das wäre schön und historisch ohne Beispiel. Es ist keine Gesellschaft bekannt, die ohne Zensur ausgekommen wäre. Die Geschichte des gesprochenen und des gedruckten Wortes ist auch die Geschichte seiner Unterdrückung. Die Forderung, die Zensur einfach abzuschaffen, zeigt den Ahnungslosen, der von den Spielarten der Zensur nichts weiß; die Behauptung, sie – in Art. 5 GG – abgeschafft zu haben, verrät die Juristen. Sie verkürzen den Begriff der Zensur durch Erweiterung des Wortes: Sie erklären die Zensur zur Vorzensur. Das Verbot betrifft ausschließlich den Staat. Untersagt ist ihm auch nur die Prüfung und Genehmigung von »Geisteswerken« vor ihrer Veröffentlichung.

Nur eine Vorzensur also findet nicht statt. Das ist nicht bloß ein Versprechen, sondern sogar ein gehaltenes Versprechen. Denn tatsächlich sind kaum Fälle bekannt, in denen der Staat Autoren oder Verlegern ins Handwerk pfuscht. Alles in allem darf sich der Staat seit Gründung der Bundesrepublik von seinem Zensurwahn als geheilt betrachten. Der hatte die deutschen Obrigkeiten – vom Duodez-Fürsten über den NS-Staat bis zur DDR – seit Erfindung des Buchdrucks zur Verteidigung der Ordnung beherrscht. Die Zensur hatte Literaten, Publizisten und Journalisten ins Exil vertrieben, Druckereien der Verleger und den Mund der Untertanen versiegelt. Gelegentliche Rückfälle sind natürlich unvermeidlich. Als die Terrorattentate der Rote Armee Fraktion und die Terrorhysterie der bundesdeutschen Politiker in den 1970er-Jahren dem Höhepunkt zustrebten, beschloss der Bundestag § 88 a Strafgesetzbuch (StGB), der die »verfassungsfeindliche Befürwortung von Straftaten« sanktionierte, und § 130 a StGB, der generell jeden unter Strafe stellte, der in Schriften oder Versammlungen zu bestimmten Gewalttaten »anleitet oder [sie, d. Verf.]

befürwortet«. Die Verbreitung, ja schon der Besitz von Schriften, die Gewalt propagierten oder sich gegen Bestand oder Sicherheit der BRD richteten, wurde unter Strafe von bis zu drei Jahren Haft gestellt. Die Kritik, dass damit selbst die Bibel verboten werden könne, hatte allerdings Erfolg: Kunst, Wissenschaft, Berichterstattung und Zeitgeschichte wurden von den Strafbestimmungen ausgenommen, einige Jahre später § 88 a StGB »als gefährliches Mittel gegen die Meinungsfreiheit« wieder abgeschafft.

Damals, in den 1970er-Jahren, schimpfte der Schriftsteller Hans Magnus Enzensberger, in Sachen Zensurverbot sei der »verfassungsmäßig garantierte blaue Himmel« nirgends zu entdecken, stattdessen überall Grauzonen und Schattierungen. Was denn sonst! Himmlische Dauer-Bläue gibt es nur in Rosamunde-Pilcher-Filmen – in den Verfassungen von Demokratien hat sie nichts zu suchen, eine Welt ohne Grauzonen und Schattierungen, also in Schwarz und Weiß, ist nicht zu haben. Und man soll auch nicht ungerecht sein: Mit dem Verbot der Vorzensur hat die Bundesrepublik 1949 in der scheinbar unendlichen Fehde zwischen Zensur und »Preßfreiheit« endlich dem freien Wort zum Sieg verholfen. Das war zwar ein später Triumph – England hatte schon 1694 die staatliche Zensur abgeschafft –, und er war auch teuer bezahlt: Eine vollständige Auflistung aller in den vergangenen Jahrhunderten zu Lebzeiten zum Schweigen gebrachter Dichter und Journalisten, ruinierter Verleger und unterdrückter Bücher und Artikel würde Bände füllen. Immerhin aber hat der Kampf um die »Preßfreiheit« nicht wenige Schriftsteller seit dem Vormärz in der ersten Hälfte des 19. Jahrhunderts zu satirischen Höchstleistungen angespornt, einige sind bis heute Trouvaillen der deutschen Literatur. Der von der Zensur ins Pariser Exil vertriebene Heinrich Heine hat seinen Verfolgern im XII. Kapitel seiner *Reisebilder* mit sparsamen Worten ein hübsches Denkmal errichtet:

Die deutschen Zensoren –
– –
– –
– –
– –
– –
– –
– Dummköpfe – – – – – – –
– –
– –
– –
– –
– –
– – – – – – – – – – – – – – .

Wenn die Zensur abgeschafft ist, sind Meinungs-, Presse-, Funk- und Fernsehfreiheit, die das Grundgesetz ausdrücklich in Art. 5 Abs. 1 GG garantiert, demnach unbeschränkt!? Der »verfassungsmäßig garantierte blaue Himmel«, von dem einst Enzensberger träumte, ist nie zu haben. Wenn es um die Meinungs- und Pressefreiheit geht, sorgt die Verfassung ausdrücklich sogar selbst für starke Bewölkung, nur nennt sie's nicht »Zensur«, sie spricht von »Schranken«: »Diese Rechte finden ihre Schranken in den Vorschriften der allgemeinen Gesetze, den gesetzlichen Bestimmungen zum Schutze der Jugend und in dem Recht der persönlichen Ehre.« (Art. 5 Abs. II GG) Wenn das »Recht der persönlichen Ehre« bedeuten soll, dass man den Herrn in der eindeutig falschen Partei, die Dame mit ihren kruden politischen und moralischen Ansichten öffentlich nicht mal als Idioten, Kretin, Napfsülze und Torfnase schmähen darf ..., überhaupt, wenn man nicht einmal mehr sagen darf ..., wenn man mundtot gemacht wird, nur weil

…, wenn die Zensur im Namen des Ehrenschutzes den Diskurs beherrscht – na dann, gute Nacht Meinungsfreiheit und Vorhang auf für die Zensur! Oder nicht?

Was die Sache nicht einfacher macht: Die Zensur hat zahlreiche Komplizen. Vorsichtig geschätzt, sind es nicht weniger als die Millionen Verfechter der Meinungsfreiheit, aufs Ganze gesehen leben sie sogar im friedlichen Einvernehmen, Seite an Seite. Denn in jedem noch so tapferen Verteidiger der freien Rede – also in jedem von uns, nicht wahr? – ist auch der Zensor zu Hause. Geneigte Leserin, geneigter Leser, was würden Sie empfinden, wenn Sie wie die Bundestagsvizepräsidentin als »schäbiges Fettvieh« und »stinkendes häßliches Ungeheuer« angesprochen würden? Könnte es sein, dass Sie sich beleidigt fühlen und eventuell sogar ein Gericht bemühen? Ich frage ja nur.

3

Der Popsong kennt »Only one world, yeah, one world«.[1] Der Glaube an die *eine Welt* ist eine fixe Idee, die Teilung der Welt jedoch eine historische Tatsache, von der nicht nur der Pop nichts weiß. Ein Blick auf die europäische Weltkarte der Neuzeit vor 500 Jahren: Von den europäischen Mächten bestimmte »Freundschaftslinien« (*amity lines*) verliefen im 16. und 17. Jahrhundert geografisch im Süden über den Wendekreis des Krebses und im Westen über einen im Atlantischen Ozean durch die Kanarischen Inseln oder die Azoren gezogenen Längengrad. Diesseits der Linien war die abendländische Moral in Geltung, herrschte das europäische Recht, verbot der französische König Ludwig XIV. seinen Seefahrern, »die spanischen und portugiesischen Schiffe, die sie diesseits des ersten Meridians und diesseits des Wendekreises des Krebses antreffen, zu attackieren oder anzugreifen«. Jenseits der Demarkationslinien begann der rechtsfreie Raum der Neuen Welt, galten das Faustrecht und die Parole des Freibeuters Sir Francis Drake: »No peace beyond the line.« Die Freiheit der Meere bedeutete nichts anderes als die Befreiung von Recht und Gesetz, das Überschreiten der Linie den Eintritt in das Reich der Anarchie und Rückkehr in die Barbarei.

Die Teilung der Welt in der Gegenwart des 21. Jahrhunderts lässt sich nicht mit dem Blick auf die Karte erkennen. Sie entsteht nicht durch die Längs- und Breitengrade des Globus, sondern durch den Eintritt in die Neue Welt des Cyberspace. Als sie noch Neuland war, *terra incognita* für den Großteil der Menschheit, haben sie manche Pioniere, vor allem aus dem Silicon Valley, mit dem Paradies verwechselt und zum Land der unbegrenzten Möglichkeiten ausgerufen. Einer der enthusiastischsten Rufer war John Perry Barlow, früher Texter der Rockband Grateful Dead, der 1996 in einer Unabhängigkeitserklärung – jener der Vereinigten Staaten unüberhörbar nachempfunden – die unbeschränkte Freiheit im gelobten Land verkündete: »Regierungen der industriellen Welt, Ihr müden Giganten aus Fleisch und Stahl, ich komme aus dem Cyberspace, der neuen Heimat des Geistes. Im Namen der Zukunft bitte ich Euch, Vertreter einer vergangenen Zeit: Lasst uns in Ruhe! Ihr seid bei uns nicht willkommen. Wo wir uns versammeln, besitzt Ihr keine Souveränität mehr.«[2] Das war schon damals schlechte Prosa. Vor allem aber war das Internet von Anfang an eine Schöpfung von Regierungen und Konzernen, die ihre Macht nicht nur nie verloren, sondern – in wilder Konkurrenz – stetig erweitert und befestigt haben. Was in Barlows Unabhängigkeitserklärung folgte, war nicht schlechte Prosa, sondern Phantasmagorie: »Wir erschaffen eine Welt, die alle betreten können ohne Bevorzugung oder Vorurteil bezüglich Rasse, Wohlstand, militärischer Macht und Herkunft.«[3] Inzwischen ist Barlows Neuland für die Menschheit erschlossenes Terrain – im Jahr 2015 gab es weltweit drei Milliarden Internetnutzer –, aber niemand wird es mit dem Garten Eden verwechseln. Unübersehbar empfängt ihn vielmehr die Inschrift auf dem Tor zur Hölle Dante Alighieris: »Lasst, die Ihr eintretet, alle Hoffnung fahren!«

Im rechtsfreien Raum gilt das Recht des Stärkeren, es gilt also auch im Cyberspace. Als die Internetpioniere in den 1990er-Jahren noch vom Ende der staatlichen Souveränität im World Wide Web träumten, entstand in China bereits der größte staatliche

Zensurapparat der Weltgeschichte, die *Great Firewall of China*. Zwar versichern verschiedene Gesetze das Gegenteil. Die chinesische Verfassung beteuert: »Die Bürger der Volksrepublik China genießen die Freiheit der Rede, der Publikation, der Versammlung, der Vereinigung, der Durchführung von Straßenumzügen und Demonstrationen.«[4] Ein Weißbuch zum Internet enthält sogar einen ganzen Abschnitt über den »Schutz der Meinungsfreiheit der Bürger im Internet«. Und auch den Internationalen Pakt über bürgerliche und politische Rechte von 1966, der – wenngleich mit beachtlichen Einschränkungen – das Recht auf freie Meinungsäußerung garantiert, hat die chinesische Regierung unterzeichnet (allerdings bis heute nicht ratifiziert). So weit das geschriebene Recht. Das geltende Recht des Stärkeren beansprucht die Regierung unter Verweis auf ihre »Informationssouveränität«. Aus dieser leitet sie ihre Legitimation ab, alle Äußerungen innerhalb des Landes zu kontrollieren, auch und vor allem im Internet. Die Zahl der bei den Behörden beschäftigten Internetzensoren kann nur geschätzt werden: Sie beläuft sich auf 20 000 bis 50 000. Zu den direkt bei der Partei oder dem Staat angestellten Internetzensoren kommen 50 000 bis 75 000 firmenintern beschäftigte Zensoren; nicht zu vergessen die rund 300 000 sogenannten 50-Cent-Genossen, die für die Durchsetzung der Parteilinie im Netz bezahlt werden. Dazu zählt vor allem, das Eindringen gefährlicher westlicher Konzepte in das Bewusstsein der chinesischen Bevölkerung unter allen Umständen zu verhindern. Diese Konzepte wurden als die »sieben Tabuthemen« bekannt. Dazu gehören außer dem demokratischen Rechtsstaat, der Zivilgesellschaft und dem Neoliberalismus auch die »Befürwortung der westlichen Vorstellung von Journalismus, die das chinesische Prinzip, dass alle Medien und Publikationen der Parteidisziplin unterworfen sind, in Frage stellt«.[5]

Im Sommer 2018 wurde bekannt, dass sich das Aufgabengebiet der chinesischen Zensoren mit prominenter Unterstützung demnächst beträchtlich erweitern könnte. In der internationalen Presse erschienen Berichte, wonach Google mit chinesischen Regierungsvertretern über die Rückkehr des werbefinanzierten Konzerns auf den Markt mit 750 Millionen Internetnutzern verhandele. Internen Dokumenten zufolge ist Google bereit, seine Suchergebnisse entsprechend den Vorgaben der chinesischen Regierung zu zensieren (Projekt *Dragonfly*). Google hatte seine Dienste bis zum Jahr 2010 in der Volksrepublik angeboten, aber nach Cyberattacken auf die Gmail-Konten chinesischer Menschenrechtsaktivisten erklärt, Suchergebnisse in China nicht mehr nach den Vorgaben der chinesischen Behörden zu filtern. Die Suchmaschine war daraufhin abgeschaltet worden, Google hatte seine Aktivität in China weitgehend eingestellt. Den Rückzug hatte einer der Unternehmensgründer mit den Worten gerechtfertigt: »Unser Widerspruch gilt den totalitären Kräften.«[6] Er hoffe, dass die Entscheidung, nicht vor der Zensur der chinesischen Regierung einzuknicken, helfen werde, den Fortschritt hin zu einem offeneren Internet anzuregen. Die Hoffnung hat getrogen, nunmehr setzt Google auf den Fortschritt hin zu einem offeneren chinesischen Markt. Im Management des Konzerns haben sich die Kräfteverhältnisse geändert. Jetzt heißt es: »Google ist für jeden da. Wir wollen in China sein und chinesische Nutzer bedienen.«[7] Offenbar um jeden Preis. Damit steht Google nicht allein. Andere internationale Konzerne wie Microsoft, Yahoo oder MySpace zensieren seit Jahren freiwillig ihre Inhalte für den chinesischen Markt, damit sie in der Volksrepublik Geschäfte machen dürfen. Ein Garten Eden ist das Internet niemals gewesen, stets aber eine profitable Geschäftsidee.

Schon immer gehörte die Beteuerung, die Zensur sei zum Besten der Zensierten, die Unterdrückung nur zum Wohl der Unterdrückten, zum ideologischen Handgepäck jedes totalitären oder autoritären Systems. Entsprechend gründlich haben sich Schriftsteller mit ihr beschäftigt. Einer der Ersten im 20. Jahrhundert war der russische Ingenieur und Romancier Jewgeni Samjatin, dessen dystopischer Roman *Wir* von 1920 zahlreiche Nachfolger – von Ayn Rands *Anthem* (1938) (dt. *Die Hymne des Menschen*), über George Orwells *1984* (1948) bis zu Ray Bradburys *Fahrenheit 451* (1953) – inspirierte. Der Terror nach der Oktoberrevolution, den Samjatin in der entstehenden Sowjetunion erlebte, ist der Terror, von dem er in *Wir* erzählt: der Terror eines Überwachungsstaates, der sich nach einem 200-jährigen Krieg und der »allerletzten Revolution« gebildet hat. Jede Regung der Menschen, die nicht mehr nach Namen, sondern nach Nummern unterschieden werden (der Held des Romans ist der Raketenkonstrukteur D-503), wird von »Beschützern« kontrolliert, das System von einem allmächtigen »Wohltäter« beherrscht. Aus der Logik des Systems folgt die Praxis der totalen Entmündigung: »Ist die Freiheit des Menschen gleich null, dann begeht er auch keine Verbrechen. Das einzige Mittel, den Menschen vor Verbrechen zu bewahren, ist also, ihn vor der Freiheit zu bewahren.«[8] Die Brisanz dieser Gedanken hat Samjatin nachdrücklich zu spüren bekommen. Der sowjetische Staat verweigerte seiner negativen Utopie die Druckerlaubnis. *Wir* erschien – immerhin mit großem Erfolg – 1924 vorerst nur in Großbritannien, Frankreich und in der Tschechoslowakei. Eine ebenfalls 1924 veröffentlichte russische Kurzfassung wurde als Übersetzung aus der Tschechoslowakei ausgegeben, um Samjatin nicht zu gefährden. Vergeblich: Der Schriftsteller wurde aus dem kulturellen Leben der Sowjetunion eliminiert, nur mithilfe Maxim Gorkis gelang ihm 1931 die Ausreise nach Frankreich. Die vollständige russische Ausgabe erschien in Russland erst 1989, mehr als ein halbes Jahrhundert nach dem Tod des Autors.

Ziel jeder staatlichen Informations- und Meinungskontrolle ist es, die eigene Bevölkerung in Schach zu halten. Aber selbst hochgerüstete Überwachungsapparate wie der des römischen Kaisers Tiberius (regierte 14–37 n. Chr.) mit seinen Polizisten, privaten Denunzianten, Indizienbeschaffern und beamteten Inquisitoren, des Fürsten Metternich im 19. Jahrhundert und der Staatssicherheit der DDR haben die Erfahrung gemacht, dass die stärkste Unterdrückung auch die stärkste Opposition bewirkt. Ihr entkommt auch die chinesische Staatsführung nicht. Jeder Versuch, die Kontrolle zu verschärfen, verstärkt die Bemühungen der Kontrollierten, den Kontrolleuren ein Schnippchen zu schlagen. Genau das besang der einst in der DDR von der Zensur geplagte Dichter Wolf Biermann in seinem Lied mit dem programmatischen Titel »Was verboten ist, das macht uns grade scharf«.

Bis heute ist in China beispielsweise der Lobgesang auf das »Gras-Schlamm-Pferd« zu hören, eine Antwort von Web-Nutzern auf den staatlichen Versuch, das Netz von Flüchen zu reinigen. Eines der Schimpfworte wird »Cao Ni Ma« ausgesprochen. Schreiben kann man diese Lautfolge sehr unterschiedlich. Eine Variante heißt übersetzt »Gras-Schlamm-Pferd« – eine andere ist die unmissverständliche Aufforderung »Fick deine Mutter«. Der kreative Protest war ein anhaltender Publikumserfolg. Eine Google-Suche nach dem Gras-Schlamm-Pferd, geschrieben in Mandarin-Kurzzeichen, lieferte wenig später mehr als 600 000 Treffer. Dem Zensurapparat ist das egal. Die Zahl der chinesischen Aktivisten, Autorinnen und Autoren, die verfolgt und deren Texte gelöscht worden sind, ist nicht bekannt.

Die Furie des Verschwindens gehört zur Zensur wie der Strick zum Galgen, aber nicht hinter jedem Verschwinden steckt ein Zensor. Und im Cyberspace ist nicht automatisch etwas verschwunden, nur weil es sich ein anderer nimmt. Das britisch-amerikanische Datenanalyse-Unternehmen Cambridge Analytica hatte von einem Professor, der sich für eine vermeintlich wissenschaftliche Umfrage an Facebook-Nutzer gewandt hatte, die persönlichen Daten der Teilnehmer erworben. Obwohl sich nur einige Hunderttausend User beteiligten, konnte Cambridge Analytica auch die persönlichen Informationen von deren Facebook-»Freunden« – unter anderem zum Geschlecht, zur sexuellen Orientierung und zur politischen Einstellung – einsehen und daraus insgesamt 87 Millionen Persönlichkeitsprofile destillieren. Mit welchem Erfolg Donald Trumps Wahlkampf sich auf die Profile stützte, ist nicht klar. Sicher ist aber, dass Cambridge Analytica von Trump-Unterstützer und Hedgefonds-Milliardär Robert Mercer gegründet worden war und dass Stephen Bannon, der rechtsextreme ehemalige Chefberater des heutigen US-Präsidenten, im Aufsichtsrat der Firma saß. Ein ehemaliger Mitarbeiter hat erklärt, wie das Unternehmen vorgegangen ist: »Wir haben Facebook ausgenutzt, um Millionen von Nutzerprofilen ›abzuernten‹. Wir haben dann Modelle gebaut, basierend darauf, was wir über diese Menschen wussten, und ihre inneren Dämonen ins Visier genommen. Das war die Grundlage, auf der das ganze Unternehmen aufgebaut war.«[9]

Als die Vorwürfe im Frühjahr 2018 öffentlich wurden, zeigte sich Facebook angemessen entrüstet und beklagte die rechtswidrige Erlangung und Verwendung der Daten. Aber dann stellte sich heraus, dass Facebook schon vor Jahren von dem Missbrauch erfahren, jedoch vergessen hatte, die betroffenen Nutzer zu informieren. Zwar hatte das sogenannte soziale Netzwerk

Cambridge Analytica zur Vernichtung der Daten aufgefordert, aber das Unternehmen hatte nicht reagiert, und Facebook hatte darauf verzichtet, bei Gelegenheit einmal nachzufragen. Die Rechtsfolgen des millionenfachen Datenmissbrauchs sind übersichtlich: Die Eigentümer von Cambridge Analytica haben Insolvenz angemeldet und zugleich die Gründung eines neuen Unternehmens bekannt gegeben – mit der alten Geschäftsadresse. Facebook droht in den USA pro Fall einer rechtswidrigen Datenweitergabe 40 000 US-Dollar Strafe, was theoretisch eine Gesamtsumme von zwei Billionen US-Dollar ergeben könnte. Von der Verhängung der Strafen war aber bis heute nichts mehr zu hören. Im Übrigen hat sich der Chef von Facebook, Marc Zuckerberg, bei den Nutzern entschuldigt. Der Mann weiß, was sich gehört.

Die Gelassenheit, mit der die mehr als zwei Milliarden Nutzer Facebooks den Missbrauch ihrer persönlichen Daten ertragen – inzwischen sind weitere Fälle bekannt geworden –, ist bemerkenswert. Die unmittelbar nach dem Cambridge-Skandal gestartete Kampagne »Delete Facebook« (»Löscht Facebook«) hatte kaum Erfolg. Die Vorstellung, seine persönlichen Daten für politische oder geschäftliche Interessen missbrauchen zu lassen, ist offenbar ungebrochen attraktiv.

Aber auch die Geduld der gutwilligsten Nutzer sozialer Netzwerke hat ihre Grenzen. Der Spaß hört für sie auf, wo für sie die Zensur beginnt. Unerbittlich verteidigen sie den rechtsfreien Raum des Cyberspace, der ihnen von Pionieren des Internets wie John Perry Barlow versprochen worden war, die die Regierungen als »Vertreter einer vergangenen Zeit« einst des virtuellen Raums hatten verweisen und in die analoge Welt zurücktreiben wollen: »Wo wir uns versammeln, besitzt Ihr keine Souveränität mehr.« Die Idee der freien Rede hat schon lange nicht mehr so viele Anhänger gefunden, seit die Bewohner des rechtsfreien Cyberspace immer öfter das klappernde Gespenst der Zensur in ihrer Umgebung zu entdecken glauben – kostümiert mit dem zerschlissenen Gewand einer ihnen ominös erscheinenden »Menschenwürde«, die schon in der analogen Welt immer mehr an Bedeutung verliert, welche sie im Internet aber von Anbeginn nie hatte.

Die einzige Maxime, der sie sich verpflichtet fühlen, ist »No peace beyond the line«. Die Logik, der sie folgen, ist allerdings nicht leicht zu erkennen: In Deutschland, behaupten sie, sei seit einigen Jahren die Meinungsfreiheit akut in Gefahr. Seit Hassbotschaften, Schmähungen, Diffamierungen, Rufmorde und Morddrohungen vor allem soziale Netzwerke wie Facebook überschwemmen, seit rassistische Pöbeleien fast schon zum guten Ton gehören, seit sich das Netz in eine Fäkaliengrube verwandelt hat, sei die Meinungsfreiheit bedroht wie nie zuvor in der Geschichte der Bundesrepublik. Bedroht werde sie allerdings nicht vom Hass, sondern von allen, die dem Hass im Namen der Menschenwürde öffentlich entgegentreten. Ein Justizminister bedrohe sie, weil er den Druck auf soziale Medien erhöhe, Hasskommentare schneller und systematischer als bisher zu löschen. Eine Stiftung bedrohe sie, weil sie in einer Broschüre Hinweise gebe, wie mit der »Hetze gegen Flüchtlinge in sozialen Medien« umzugehen sei. Bedroht werde sie von der Vizepräsidentin des Bundestags, wenn sie ihre Mitarbeiter Posts löschen lasse, deren Autoren sie mit »Klavierdraht an den Fleischerhaken« hängen wollen, und wenn sie in schweren Fällen Strafanzeige stelle. Bedroht werde sie also von allen, die Hass und Rufmord nicht für rhetorische Arabesken des demokratischen Diskurses halten, sondern für Hass und Rufmord.

Das ist verrückt? Es ist zumindest das Credo all derer, für die im Netz der Anspruch auf Rufmord dem Schutz der Menschenwürde vorausgeht und das Recht zur Beleidigung den unantastbaren Kern der Meinungsfreiheit bildet. Jeder Versuch des Gesetzgebers, den rechtsfreien Raum des Internets durch das Recht zurückzuerobern, wird als »Zensur« gebrandmarkt. So als wäre nicht nur das Strafrecht – das Beleidigung, üble Nachrede, Verleumdung und Volksverhetzung sanktioniert – im World Wide Web außer Kraft gesetzt, sondern als wäre nur schon die Behauptung, eine unerwünschte Meinung sei keine Legitimation zum Rufmord, eine inakzeptable Zumutung durch die *political correctness*. Vor Zensur warnen nicht bloß die betroffenen Social-Media-Konzerne, darüber beschweren sich auch nicht allein die betroffenen Rufmörder, Verleumder, Fanatiker und Extremisten jeder – derzeit vor allem eher brauner – Couleur. Obendrein springen Politiker und Publizisten zur Seite, die sich als ihre gebildeteren Brüder im Geiste empfinden und gegen alle Bemühungen protestieren, das Netz ein wenig zu zivilisieren und so den Appell zu entschärfen: »Nun, Volk, steh auf, Shitstorm, brich los!«

In diesem Lager – präziser wäre: in dieser Kampfgemeinschaft – stehen unter anderem die rechtsradikale Zeitung *Junge Freiheit* und der Publizist Roland Tichy (»Es ist ein peinliches Netz der Zensur, das hier über Deutschland gelegt wird und im Zusammenspiel mit den Parteien und vielen Medien glänzend funktioniert.«[10]). Hier findet sich auch die islamophobe »Achse des Guten« um Henryk M. Broder, Anhänger der rechtsextremen »Identitären Bewegung«, der rassistische Blog »politically incorrect« und selbstverständlich der auf die Verbreitung von Verschwörungstheorien spezialisierte Kopp-Verlag, der mit den Bestsellern seines inzwischen verstorbenen Verschwörungstheorie-Verbreiters Udo Ulfkotte (*Zensur-Republik Deutschland. So sollen Bürger eingeschüchtert werden*) immerhin bewiesen hat, wie viel sich auf dem Markt intellektueller Unredlichkeit und trostloser Unanständigkeit verdienen lässt. Offensichtlich halten sie die Behauptung, der Schutz der Menschenwürde gelte auch nach dem Übertritt in die digitale Welt, für eine unverschämte Anmaßung des Gesetzgebers. Jeden schüchternen Vorstoß, die verheerende Durchschlagskraft der Parole »No peace beyond the line« zu mildern, erklären sie zum leicht durchschaubaren Versuch, die Republik in eine »Stasi 2.0« zu verwandeln und mit dem »peinlichen Netz der Zensur« zu knebeln.

Es ist immer und überall gut, vor Zensur zu warnen. Aber in diesem Fall ist die Warnung schlicht falsch adressiert. Angesprochen fühlen muss sich ausnahmsweise nicht, zumindest nicht primär, der Staat. Ihre Adressaten sind die sozialen Medien und die Gesellschaft.

4

So variantenreich wie die Zensur, so schillernd und verschlungen ist auch ihre Geschichte. Nur auf den ersten Blick haben Bankräuber und Zensor nichts miteinander zu tun. Doch verfolgen beide ähnliche Ziele – der eine betreibt die Expropriation von fremdem Geld und Gold, der andere die Enteignung fremder Worte und Gedanken –, und eine entscheidende Qualifikation gilt für die Profis beider Zünfte: Wie in nur wenigen Berufen wird von ihnen höchste Flexibilität verlangt und Aufgeschlossenheit für den technischen Fortschritt. Ein Bankräuber, der heute noch immer mit Bohrer und Schneidbrenner in das Innere eines Tresors zu gelangen versucht, darf sich nicht über seine Zukunft im Justizvollzug beklagen. Ein Zensor der Gegenwart, der sich nach den Anforderungen an seinen Beruf erkundigt, sollte seine Kollegen seit dem 15. Jahrhundert befragen: Die Innovationen des Buchdrucks und der Distribution haben ihnen stets auf die Sprünge geholfen. Seit Johannes Gensfleisch, genannt Gutenberg (1400–1458), in Mainz den modernen Buchdruck mit beweglichen Lettern erfunden und die massenhafte Verbreitung von Informationen und Meinungen ermöglicht hatte – bis dahin lag das Monopol für die Vervielfältigung von Büchern bei gebildeten Mönchen und Nonnen in den Skriptorien der Klöster –, war nicht nur das Bildungsmonopol der katholischen Kirche gefährdet, auch die von ihren Zensoren behütete reine Lehre war bedroht.

Es war kein Zufall, dass am Ort der Medienrevolution – in Mainz – auch die Gegenrevolution begann. 1485/86 führte der dortige Erzbischof Berthold von Henneberg die Vorzensur für alle Bücher ein, insbesondere für Übersetzungen aus dem Griechischen und Lateinischen ins Deutsche. So wollte er das deutsche Publikum vor theologischen und philosophischen Irrlehren bewahren. Zugleich ordnete er die Überwachung der auf der Frankfurter Messe angebotenen Bücher an, führte also auch die Nachzensur ein. Schon ein Jahr später übernahm Papst Innozenz VIII. die Mainzer Regelung für die gesamte Kirche. Die Vorzensur aller religiösen Schriften oblag nunmehr den Ortsbischöfen. Doch war der Arm der kirchlichen Zensur schon nicht mehr stark genug, um der sich ausbreitenden Häresie Einhalt zu gebieten. Bereits wenige Jahre später schlug die Stunde der staatlichen Zensoren. 1496 richtete Kaiser Maximilian I. das Amt eines »Generalsuperintendenten des Bücherwesens in Teutschland« ein. Beauftragt wurde damit kein Theologe, sondern ein Jurist.

Die Geschichte der Zensur ist stets auch die Geschichte ihrer fortschreitenden – versuchten – Effektivierung. Immer wieder sieht sie sich zu weiteren Verschärfungen gezwungen, weil sich zwar Bücher und Meinungsäußerungen verbieten lassen, nicht aber die Gedanken selbst, denn die – sind sie einmal aus der Flasche – »zerreißen die Schranken und Mauern entzwei: die Gedanken sind frei«, wie es im deutschen Volkslied heißt. Die Forderung in den päpstlichen Bullen von 1487 und 1501, häretische Schriften »auszurotten«, blieb ohne Wirkung; der neu entstehende Buchmarkt wurde von ketzerischen Schriften überschwemmt, und die kirchlichen Zensoren kamen nicht mehr hinterher. Ebenso erfolglos blieb der in der Bulle von 1515 ausgesprochene Befehl des Papstes Leo X., alle ohne kirchliche Erlaubnis erschienenen Schriften zu verbrennen. Dem Misserfolg zum Trotz erneuerte der Papst den Befehl fünf Jahre später aus aktuellem Anlass. Der Anlass hieß Martin Luther. Der Reformator hatte seine 95 Thesen erstmals am 31. Oktober 1517 in einem Brief an den Erzbischof von Mainz und Magdeburg in Umlauf gebracht und sie am selben Tag – aber vielleicht ist das nur eine Legende – eigenhändig auch an die Tür der Schlosskirche in Wittenberg genagelt. Der Befehl der päpstlichen Bulle, Luthers Bücher »öffentlich und feierlich zu verbrennen«, wurde in einigen reformationsfeindlichen Städten – wie Köln, Trier und Mainz – befolgt, aber den Erfolg der Reformation hat er bekanntlich nicht verhindert.

Gebrannt hat es drei Jahre nach dem vermeintlichen Anschlag der Thesen auch in Wittenberg. Zwar hatte Luther die katholischen Scheiterhaufen, in denen seine Bücher zu Asche wurden, als »kindische Dummheit« beklagt, aber schon wenige Tage später beteiligte er sich an einem protestantischen Scheiterhaufen seines Freundes Melanchthon. Der hatte mit einem Aushang an der Pfarrkirche Wittenbergs alle der Wahrheit des Evangeliums ergebenen Bürger aufgerufen, sich an der Heilig-Kreuz-Kapelle einzufinden, der offiziellen Hinrichtungsstätte vor der Stadt, wo nach »altem, auch apostolischem Brauch die gottlosen päpstlichen Verordnungen und Bücher scholastischer Theologie verbrannt« würden. Ausdrücklich begründete Melanchthon den protestantischen Scheiterhaufen mit dem katholischen Scheiterhaufen, das Verbrennen der päpstlichen Bulle mit dem Verbrennen der Schriften Luthers. Der Reformator sollte dem Aufruf seines Freundes nicht nur folgen, er legte auch selber Hand an. Als er die Bulle des Papstes in die Flammen warf, rief er: »Weil du die Wahrheit Gottes verderbt hast, verderbe dich der Herr heute in diesem Feuer.«

Vorerst aber verzehrten vor allem weitere katholische Feuer die Schriften Luthers. So gingen auf dem Reichstag zu Worms

1521 nicht nur seine Werke in Flammen auf, sondern auch Luther selbst, wenngleich *in effigie*, also in Abwesenheit. Luther bekannte sich lange Zeit zur Bücherverbrennung – sie sei »wohl Brauch von alters her«. Seine eigene Aktion begründete er mit den Worten, es sei seine Pflicht als Christ und Theologe gewesen, »falsche, verführerische, unchristliche Lehre zu vertilgen oder wenigstens abzuwehren«. Später fiel ihm jedoch auf, dass die Gegenseite seine Schriften mit gleichlautender Begründung in die Flammen warf, und er zog den Schluss, der Wahrheit sei mit dem gegenseitigen Bücherverbrennen nicht gedient.

Den entschlossensten Versuch, die neue Irrlehre im Wege der Zensur aus dem Bewusstsein der Zeitgenossen zu vertreiben, unternahm 1535 der französische König Franz I. Hätte er dauerhaft Erfolg gehabt, dann wäre das nicht nur das Ende der protestantischen, sondern aller Literatur gewesen. Franz I. erlaubte zwar weiterhin das Lesen an sich, verbot aber den Druck von Büchern aller Art. Alle Druckerpressen und Gussformen für den Bleisatz waren abzuschaffen, auf Zuwiderhandlungen von Druckern und Verlegern stand die Todesstrafe. Den entgegengesetzten Weg hatte im Jahr 1188 schon Papst Innozenz III. beschritten und mit dem Bibel-Wort, Perlen dürften nicht vor die Säue geworfen werden, die eigenmächtige Lektüre der Bibel und deren Auslegung durch Laien ebenso verboten wie jegliche Kritik an Priestern. Die Synode von Toulouse hatte das Verbot 1229 noch verschärft und den Laien sogar den Besitz des Alten und Neuen Testaments in jeglicher Sprache verboten.[11] Ein solches Verbot wäre heute offenkundig überflüssig – wer liest schließlich noch die Bibel? –, aber das ist nicht das Ergebnis irgendeiner Zensur.

Der Scheiterhaufen als Hinrichtungsstätte für Menschen und Bücher war über Jahrhunderte für Henker und Zensoren populär. Er findet in unserem 21. Jahrhundert zwar weniger Verwendung, aber als unschlagbares Symbol vollständiger Vernichtung ist er offenbar zu wirksam, um ganz auf ihn zu verzichten. Im Dezember 2001 etwa trafen sich mehrere Hundert christliche Fundamentalisten in der amerikanischen Kleinstadt Alamogordo im südlichen New Mexico zur Bücherverbrennung. Ihr Anführer Jack Brock, Prediger der radikalen Christ Community Church, rief, das Buch, das er den Flammen übergebe, sei Hexenwerk, Satanszeug und Anleitung zur Zauberei. Mit diesen Worten warf er einen Harry-Potter-Band ins Feuer: »Hinter diesem unschuldigen Gesicht sitzt die Kraft satanischer Dunkelheit.«[12] Potter sei ein Teufel, er zerstöre die Menschen. Zwar habe er, Brock, keine Zeile des Romans gelesen, aber durchaus seinen Inhalt studiert. Doch auch der Scheiterhaufen von Alamogordo brannte vergeblich. Bis 2015 verkaufte Joanne K. Rowling, die Autorin der Harry-Potter-Romane, mehr als 450 Millionen Exemplare der siebenbändigen Reihe – einschließlich dreier Ableger-Bücher.

Ein Blick auf die jahrhundertelangen Bemühungen der Zensoren und ihre Resultate wirft die Frage auf: Gibt es überhaupt eine erfolgreiche Zensur? Dass sie sich stellt, liegt an der anscheinend unerschütterlichen Überzeugung der Zensoren von der Macht des Wortes, das das von ihnen geschützte System, die Ordnung, die Machtverhältnisse bedroht. Vermutlich dürften nur wenige Schriftsteller, Verleger, Journalisten und Blogger vom Glauben an die Gefährlichkeit der Sprache und die Explosivität der Begriffe derart durchdrungen sein wie die argwöhnischen Wächter der Ordnung in den Apparaten. Ihre Überzeugung ist die *conditio sine qua non* Erfolg versprechender Berufsausübung: Ohne die Furcht, die Verbreitung unerwünschter politischer, religiöser oder moralischer Ideen gefährde akut Staat, Kirche oder

Moral, fehlte den Zensoren die unentbehrliche Motivation zur Bekämpfung jener Ideen. Und ohne die Zuversicht, die Verbreitung verhindern und den Kampf gegen das freie Wort gewinnen zu können, fehlte ihnen die freudige Erwartung, mit der auch der Panzerknacker sein Tagwerk beginnt. Das ist ihr Credo: Groß ist die Macht des Wortes, größer ist die Macht der Zensur.

In seinem *Buch der verbotenen Bücher* – einer Universalgeschichte des Verfolgten und Verfemten bis heute – attestiert Werner Fuld der Zensur allerdings komplette Erfolglosigkeit: »Die Geschichte der verbotenen Bücher erzählt nicht nur von der Kette der Unterdrückung, von vernichteten Werken und ermordeten Autoren, sondern sie ist auch eine Chronik der Siege des Worts über die Macht.« Der gewaltige Aufwand der Zensur, das Wort zu unterdrücken, sei vergebens, also sinnlos gewesen. »Kein verbotenes Manuskript ist ungelesen geblieben, kein beschlagnahmtes Buch konnte nicht irgendwo anders gelesen werden. Jeder Versuch, heute Internet-Seiten mit unbequemen Inhalten innerhalb der eigenen Landesgrenzen zu sperren, ist ohnehin zum Scheitern verurteilt.«[13]

Da lacht der chinesische Zensurapparat, und die Millionen zensierter Internetnutzer, die verfemten, verfolgten und zum Schweigen gebrachten Schriftsteller und Blogger wundern sich. Auch die 244 Internetseiten, die die russische Zensur durchschnittlich jeden Tag sperren lässt, um die Opposition mundtot zu machen, und die mehr als 400 Internetnutzer, gegen die der russische Staat allein im Jahr 2017 strafrechtlich ermittelte, stützen Fulds These nicht.[14] Die Zensur im NS-Staat war total, war sie wirklich erfolglos? Viele Schriftsteller kamen – sofern sie das Exil überlebt hatten – nach 1945 nach Deutschland zurück, einige ihrer Werke, die die Nationalsozialisten verbrannt hatten, wurden Jahre später neu aufgelegt. Aber wer weiß heute noch ihre

Namen, wer kennt ihre Bücher? Yves Goll kam – schwer erkrankt – aus dem Exil zurück, nicht nach Deutschland, doch zur deutschen Sprache, aber wer liest seine Gedichte? Alfred Kerr, der größte Literaturkritiker der Weimarer Republik, kehrte aus London zurück, nur für einen Theaterabend in Hamburg, dann traf ihn der Schlag; mit einem Schlafmittel brachte sich Kerr – in Deutschland längst vergessen – dann endgültig zum Schweigen. Der in den 1920er-Jahren gefeierte pazifistische Schriftsteller Leonhard Frank, von den Nazis ins Exil vertrieben, nach siebzehn Jahren zurückgekehrt, von Lesern und Buchhändlern gründlich vergessen, hat diese Niederlagen in seinem autobiografischen Roman *Links, wo das Herz ist*, in dem er sich Michael nennt, in einem Satz zusammengefasst: »Über Michael hatte Hitler gesiegt.«

Nicht nur Diktaturen haben ihre Verfallszeit, auch das süße Gift der Literatur, das sie so sehr fürchten. Stirbt die Diktatur, stirbt mit ihr der Zensor. Die zuvor verbotene und unterdrückte Literatur feiert dann in der Regel aber keine Auferstehung. Sie stirbt den zweiten Tod: Auch für das Publikum hat ihr süßes Gift die Wirkung verloren. In den 1930er-Jahren erinnerte der selbst ins Exil vertriebene Bertolt Brecht mit dem Gedicht »Besuch bei den verbannten Dichtern« an das traurige Schicksal seiner vergessenen Kollegen:

…
»Das
Sind die Vergessenen«, sagte der Dante leise
»Ihnen wurden nicht nur die Körper, auch die Werke vernichtet.«
Das Gelächter brach ab. Keiner wagte hinüberzublicken. Der
Ankömmling
War erblaßt.[15]

Anders natürlich Bulgakow, der der Gegenwart des großen Zensors Stalin den Rücken kehrte, sich schon zu Lebzeiten der Nachwelt empfahl, nur noch die Schublade mit seinen Werken belieferte – und bis heute vielen Lesern lebendiger ist als manche Gegenwartsschriftsteller. Michail Bulgakow, der unbestechliche Satiriker, in den ersten Jahren nach der Revolution der erfolgreichste und meistgespielte Bühnenautor Moskaus, Liebling des Publikums und sogar des Diktators, war über Nacht in Ungnade gefallen und wurde fortan von der zensierten Presse verrissen. Er wurde von den Spielplänen gestrichen und vom großen Zensor wortlos zum Schweigen gebracht. Er bat um eine Ausreisegenehmigung – abgelehnt. Er schrieb Stalin einen Brief – keine Antwort. Er wandte sich Hilfe suchend an den einflussreichen Kollegen Maxim Gorki – keine Reaktion. Seit 1930 wurde keine Zeile Bulgakows gedruckt, keines seiner Stücke aufgeführt.

Bulgakow beklagte sein »zerstörtes Leben«, aber er schrieb, unermüdlich. Unter anderem verfasste er ein Molière-Stück (*Die Kabale der Scheinheiligen*) und eine Molière-Biografie. Molière, der am Hof des Sonnenkönigs denselben Höllensturz erlebt hatte wie er, war sein Leidensgenosse. In vielem erkannte Bulgakow in dem Komödiendichter seinen Geistesbruder, nicht aber in den Lobadressen, in denen Molière um die Gunst des Königs buhlte. Im Prinzip sei nichts dagegen einzuwenden, aber »dann ging er ein bisschen zu weit, indem er die Freude, dem König zu gehorchen, höher stellte als Apoll und sämtliche Musen [...]. Nachfahren, habt es nicht eilig, mit Steinen nach dem großen Satiriker zu werfen! Oh, steinig ist der Weg eines Sängers, den eine bedrohliche Macht unentwegt beobachtet!«[16]

Bulgakow zog es vor, sich die Steine selber in den Weg zu legen. Statt einer Huldigungsadresse bastelte er eine »Brandbombe«, die ihn leicht selbst das Leben hätte kosten können. Er schrieb erneut an Stalin: »Der Kampf gegen die Zensur, wie sie auch sei und unter welcher Macht sie auch existiert, ist meine Pflicht als Schriftsteller, ebenso wie Aufrufe zur Pressefreiheit. Ich bin ein glühender Anhänger dieser Freiheit, und ich meine, dass ein Schriftsteller, der auf die Idee käme, beweisen zu wollen, dass er sie nicht brauche, einem Fisch gliche, der öffentlich versichert, kein Wasser zu brauchen.«[17] Ob ein Fisch Wasser braucht oder auf dem Trockenen zu verröcheln hat, entschied im Reich Stalins nur der Eiserne. Er verweigerte Bulgakow zwar das Wasser – der Autor durfte nach wie vor weder publizieren noch ausreisen –, aber er verlangte auch nicht seinen Erstickungstod. So schrieb Bulgakow, öffentlich verstummt, aber nie vergessen, zwölf Jahre lang, von 1928 bis 1940, sein Hauptwerk, den in jeder Hinsicht fantastischen Roman *Meister und Margarita*, dessen letzte Sätze er vor seinem Tod seiner Frau diktierte. Als Bulgakow im März 1940, vollkommen erblindet, verstarb, würdigte die sowjetische Presse ihn mit keiner Zeile. Aber das Werk hat den Tod des Autors (1940) und den Tod des Zensors (1953) überdauert. Der Roman hat und ist zugleich eine Zensurgeschichte. Der Teufel zieht am Ende den vom »Meister«, einem von der Zensur geplagten Autor, verfassten Roman aus den Flammen und reicht ihn dem Helden mit den Worten zurück: »Manuskripte brennen nicht.« Das ist eine steile These, zumal aus der Feder des lebenslangen Zensuropfers Bulgakow. Aber das Schicksal dieses Jahrhundertromans bestätigt sie.

Im Winter 1966/67 – mehr als ein Vierteljahrhundert nach Bulgakows Tod – veröffentlichte die Moskauer Zeitschrift *Moskwa* erstmals *Meister und Margarita*, zwar zensiert, aber immerhin mit einer Auflage von 150 000. Nach wenigen Stunden war sie vergriffen. Damit begann der Siegeszug des Romans. In Moskau fanden öffentliche *Meister-und-Margarita*-Lesungen statt. Die von der Zensur herausgekürzten Teile wurden mit der Schreibmaschine oder handschriftlich vervielfältigt und heimlich verbreitet. Wenige Wochen später folgte der italienische Verlag Einaudi, allerdings war seine Ausgabe länger als die zensierte Version. Dem Verlag war es gelungen, die unterdrückten, als Samisdat-Druck verbreiteten 69 Seiten heranzuschaffen. Es folgten Veröffentlichungen unter anderem in den USA, in Großbritannien, Frankreich, 1968 in der Bundesrepublik und schließlich sogar – ungekürzt – in der DDR.

Bulgakows satirischer Großroman ist nicht nur eine Abrechnung mit der Bürokratie, der Korruption und der Pöbelherrschaft in Stalins Reich, er ist eines der bedeutendsten Werke der russischen Literatur. Das Gift des Autors Bulgakow hat der Diktator Stalin zwar dank der Zensur nicht – oder doch nur kaum – zu spüren bekommen, aber seine Wirkung hat es nicht verloren. Bis heute ist *Meister und Margarita* nicht nur in Russland eines der meistgelesenen Werke. Wer den Roman gelesen hat, der ist für alle Zeit vor den Verheißungen eines selig machenden Terrors gefeit. Auch deshalb ist es eine gute Nachricht, dass Maxim Gorki mit seiner Prophezeiung aus dem Jahr 1930 recht behalten hat: »Der Name Bulgakow wird in der Geschichte der Literatur unvergessen bleiben.«[18]

5

Seine berühmt gewordene Rede vor dem Abschlussjahrgang des Kenyon College 2005 ließ der US-Schriftsteller David Foster Wallace mit einer kleinen Parabel beginnen: »Schwimmen zwei junge Fische des Weges und treffen zufällig einen älteren Fisch, der in die Gegenrichtung unterwegs ist. Er nickt ihnen zu und sagt: ›Morgen, Jungs. Wie ist das Wasser?‹ Die zwei jungen Fische schwimmen eine Weile weiter, und schließlich wirft der eine dem anderen einen Blick zu und sagt: ›Was zum Teufel ist Wasser?‹« Was Wallace damit sagen will, liegt auf der Hand: »Die naheliegende Pointe der Fischgeschichte ist, dass die offensichtlichsten, allgegenwärtigsten und wichtigsten Tatsachen oft die sind, die am schwersten zu erkennen und zu diskutieren sind.«[19]

Das ist – Wallace räumt es unumwunden ein – eine Plattitüde, aber es ist eben eine Tatsache, dass Plattitüden in den alltäglichen Grabenkämpfen des Erwachsenendaseins eine entscheidende Bedeutung haben können. Eine allgegenwärtige und wichtige Tatsache ist zum Beispiel die Zensur im Alltag, die jedem von uns so selbstverständlich ist wie den Fischen das Wasser. Wieso Zensur?, fragen nicht nur Juristen. Wo, bitte, sind die staatlichen Zensoren, die Meinungsäußerungen, Artikel oder Bücher vorab kontrollieren? Aber nicht alles, was keinen Prüfstempel des staatlichen Zensors trägt, ist deshalb noch keine Zensur.

Hans Magnus Enzensberger hat einmal in einer Reflexion über »Zensur und Selbstzensur« an »gewisse Rituale« erinnert, die jedem Mitarbeiter des Fernsehens geläufig und ohne Schwierigkeiten als Einbruchstellen der informellen Zensur zu erkennen sind, in der sich nicht staatlicher Zwang manifestiert, sondern gesellschaftlicher Druck nach ungeschriebenen Regeln: »Abnahme des Exposés, Abnahme des Drehbuchs, Genehmigung durch den Verwaltungsrat, Rohschnittabnahme, Feinschnittabnahme, redaktionelle Endabnahme, wir verstehen uns schon, also Schwamm drüber.«[20] Das ist keine Spezialität des Fernsehens, wie jeder freie Journalist oder angestellte Redakteur eines Printmediums bestätigen wird, dessen Beiträge bis zur Schlussredaktion daraufhin geprüft werden, ob sie den redaktionellen »Meinungskorridor« beachten. Dass die Wirksamkeit der informellen Zensur die Nachhaltigkeit staatlicher Kontrolle bisweilen weit übertrifft, war schon dem Wiener Schriftsteller Karl Kraus Anfang des 20. Jahrhunderts bewusst: »Nicht die Zensur des Staatsanwalts habe ich gefürchtet, vielmehr die intimere eines Chefredakteurs ...«[21] Und selbstverständlich gehört die informelle Zensur auch im Wissenschaftsbetrieb zum Alltag in Form von Berufungsverfahren, Finanzausstattung, Stipendienwesen, Forschungsförderung, Stellenbewilligung oder Veröffentlichungsgenehmigungen für untergeordnete Mitarbeiter. Nicht zu vergessen die informelle Zensur in Buchverlagen, in den Kirchen, in den Gewerkschaften, in der Bundeswehr und in Gefängnissen ...

Die Zensur, die alte Spinatwachtel, ist in allen Gesellschaften allgegenwärtig, jedenfalls als informelle oder strukturelle Zensur. Sie ist für uns alle selbstverständlich: als Wink mit dem Zaunpfahl des Anzeigenkunden, eine bestimmte Berichterstattung in der Zeitung zu unterlassen, als dezenter Hinweis des Vorgesetzten, mit Blick auf die Aufstiegschancen bestimmte politische Ansichten besser für sich zu behalten, als Empfehlung des Parteifreundes, nach einem Wahlerfolg einen bestimmten Flügel der Partei nicht zu vergessen. Immer geht es um die Kontrolle öffentlicher Meinungsäußerungen, um die Unterdrückung bestimmter politischer, religiöser oder moralischer Ansichten. Aber wenn all das »Zensur« ist, dann ist »Zensur« kein Begriff mehr, sondern ein semantischer Sack, in den alles hineinpasst: das von Stalin verordnete Schweigen Bulgakows ebenso wie der Druck des Anzeigenkunden.

Die Neigung, Vertretern unerwünschter Ansichten den Mund zu stopfen, ist zeitlos und ubiquitär. Aber nicht jeder Versuch, sie mundtot zu machen, ist eine Manifestation der Zensur. Eher erscheint es als Beleg eines sehr verkürzten Verständnisses von Meinungsfreiheit. Natürlich ist die Meinungsfreiheit eine große Sache, der Pluralismus eine feine Idee und allein der Gedanke, im öffentlichen Meinungskampf könne der Staat als Zensor den Richter geben, ein verfassungswidriger Albtraum. Niemand wird bestreiten, dass Demokratie ohne Meinungsfreiheit und ohne die Meinungsvielfalt, die aus ihr folgt, kaum denkbar ist. Deshalb ist in unserer Gesellschaft im Allgemeinen die Bereitschaft vorhanden, von eigenen Anschauungen abweichende Ansichten – sei es auch seufzend – zu ertragen, selbst wenn sie als noch so dumm, trübe, abwegig oder schlicht falsch empfunden werden. Denn das ist der Preis, den die Garantie der Meinungsfreiheit fordert. Wer sie für sich verlangt, muss sie auch anderen gewähren.

Aber alles hat natürlich seine Grenzen, da hört der Spaß der Meinungsfreiheit auf! Auch wenn kein Gesetz sie unter Strafe stellt, sind immer wieder Meinungen zu hören, die jeder Deutsche/Demokrat/Vernünftige/Sensible/Nationalbewusste/Weltoffene/

Gläubige/Atheist als schlechterdings inakzeptabel, schlimm und unzumutbar zurückweisen muss. Wenn der Anschein nicht trügt, haben sich in den vergangenen Jahren derlei anstößige Ansichten schlagartig vermehrt, und auch die Zahl derer, die sie beklagen, ist sprunghaft gestiegen. Und immer öfter nehmen dann die beleidigten Linken und Rechten, die Verteidiger des christlichen Abendlands und gekränkte Muslime scheinbar selbst in die Hand, was sie dem Staat als Demokraten selbstverständlich verweigern: die Zensur. Den unerträglich Andersdenkenden soll das Wort verboten, sie sollen zum Schweigen gebracht werden.

Vor einigen Jahren reiste Thilo Sarrazin mit seinen intellektuell ebenso übersichtlichen wie unredlichen Thesen über die Deutschland überschwemmenden türkischen »Kopftuchmädchen«-Produzenten durch die Republik, sein Buch *Deutschland schafft sich ab* – es war mit mehr als 1,5 Millionen verkauften Exemplaren einer der größten Erfolge der deutschen Verlagsgeschichte – beherrschte Feuilletons und Talk-Shows, und im Münchener Literaturhaus kam es bei einer Podiumsdiskussion schließlich zum Tumult. Der Versuch zweier vom Veranstalter geladener Gesprächsteilnehmer, an Sarrazin kritische Fragen zu richten, ging im Gejohle des Publikums unter, das sich von den Kritikern offensichtlich in jener Empfindung gestört fühlte, die Enzensberger einmal das »Behagen an der eigenen Scheiße« genannt hat.[22] Die Stimmung war so aggressiv, dass der Reporter der *Süddeutschen Zeitung* seinerzeit erschaudernd im Literaturhaus einen »Hauch von Sportpalast« verspürte.[23]

Wer war das Publikum? Die Elite des Münchner Bürgertums, Creme des Besitzadels, engagierte Mitglieder der »Man-wird-doch-wohl-noch-sagen-dürfen«-Fraktion, die jedem das Wort verbieten wollten, der ihre eigenen – also Sarrazins – Ansichten nicht teilte (die, nebenbei bemerkt, der UN-Antirassismus-Ausschuss als rassistisch verwarf).

Natürlich ist es skurril, dass ausgerechnet der mit seinen millionenfach verbreiteten Thesen reich gewordene Sarrazin später ein weiteres Buch vorgelegt hat, dessen Titel *Der neue Tugendterror. Über die Grenzen der Meinungsfreiheit in Deutschland* bereits durch die öffentliche Wirkung des Autors Lügen gestraft wurde und mit dem er wiederum glänzend verdiente.

Aber es ist nicht weniger skurril, dass die Vorstellung ausgerechnet dieses Buches im Berliner Ensemble am Geschrei pöbelnder Sarrazin-Kritiker scheiterte. Dem lag eine zweifache Dummheit und ein einfacher Irrtum zugrunde. Die erste Dummheit bestand darin, dass Sarrazin sich eine kostengünstigere Werbung kaum wünschen konnte, die zweite darin, dass die gesprengte Veranstaltung seine krude These zu bestätigen schien. Ein Irrtum wiederum war es, zu glauben, faktische Redeverbote seien demokratisch legitim, wenn sie nicht vom Münchener Pöbel im Nerz, sondern vom Berliner Pöbel in Jeans erzwungen werden. Aber weder in München noch in Berlin konnte von Zensur die Rede sein – allenfalls von der fehlenden Bereitschaft aller Beteiligten, den anderen zuzuhören.

Die Methode, die Kundgabe unerwünschter Meinungsäußerungen im Lärm des Protests versinken zu lassen, ist für den Augenblick verführerisch, aber der strenge Hautgout des geistfernen Proletariats, der ihr anhaftet, macht sie für Akademiker zum untauglichen Mittel. Sie bevorzugen eine andere Waffe, die vor mehr als einem halben Jahrhundert durch ein Urteil des Bundesverfassungsgerichts als Schlagring im Meinungskampf ausnahmsweise zugelassen wurde: den Boykott. Zwar hat das Gericht die Zulässigkeit des Boykottaufrufs an enge Voraussetzungen gebunden, aber die Aussicht, dem politischen Gegner den Mund zu verbieten, ehe er ihn öffnen kann, ist offenbar so unwiderstehlich, dass sich der Boykott immer größerer Popularität erfreut. Seine Karriere begann 1958. Damals verkündete das Karlsruher Gericht das sogenannte Lüth-Urteil, bis heute eine der bedeutendsten Entscheidungen des Gerichts. Ausgangspunkt des Verfahrens war die drohende Rückkehr Veit Harlans – Joseph Goebbels' Hausregisseur – ins Filmgeschäft der Nachkriegszeit. Harlans Film *Jud Süß* war eine der erfolgreichsten antisemitischen Hetz-Film-Produktionen der NS-Zeit gewesen. Goebbels hatte den Film als »genial« gepriesen, das Publikum hatte ihn stürmisch gefeiert, und KZ-Wachmannschaften hatten ihn zur Steigerung ihrer Motivation verwendet. Als Harlan Ende der 1940er-Jahre seinen ersten Nachkriegsfilm *Gefährliche Geliebte* ankündigte, rief Erich Lüth, Direktor der Staatlichen Pressestelle Hamburg, die Kinobesitzer zum Boykott auf. Dagegen klagten Filmproduktion und -verleih mit der Begründung, der Aufruf bedeute eine sitten- und damit rechtswidrige Geschäftsschädigung. Die Klage hatte in zwei Instanzen Erfolg. Doch legte Lüth Verfassungsbeschwerde ein und fand damit bei den Karlsruher Richtern Gehör. Zwar seien die Grundrechte zunächst einmal Abwehrrechte gegen den Staat, schrieben sie in ihrer Entscheidung. Zugleich aber handele es sich um ein Wertesystem, das in der gesamten Rechtsordnung, also auch im Zivilrecht – wie im Streit um den Boykottaufruf – gelte. Im vorliegenden Fall stehe das Grundrecht Lüths auf Meinungsfreiheit den Interessen der Filmfirmen gegenüber. Lüth habe befürchtet, mit dem Wiederauftreten Harlans würden die Bemühungen, mit dem jüdischen Volk zu einem wahren Frieden zu kommen, gefährdet. Im Übrigen habe er an die Kinobesitzer nur appelliert und es ihrer freien Willensentscheidung überlassen, den Film Harlans nicht zu zeigen. Lüth habe mit seinen Äußerungen eine wichtige gesellschaftspolitische Diskussion angestoßen. Das sei vom Grundrecht der Meinungsfreiheit geschützt und habe Vorrang vor den Interessen der Filmfirmen.[24] Mit anderen Worten: Erich Lüth hat 1958 vor dem Bundesverfassungsgericht gewonnen, und Veit Harlan hat mit seinem geplanten Comeback ins Filmgeschäft der jungen westdeutschen Demokratie – wenngleich ungewollt – einen bedeutenden Erfolg beschert.

Der Veit Harlan im Herbst des Jahres 2018 heißt Niall Ferguson und ist ein ebenso berühmter wie für seine Thesen umstrittener, konservativer amerikanisch-britischer Historiker. Der Ort der Handlung ist das Institute for Advanced Study (IAS) in Princeton, seit seiner Gründung im Jahr 1930 zunächst Zufluchtsort unter anderem für jüdische, in den 1950er-Jahren dann für linke, von Senator McCarthy verfolgte Wissenschaftler – von jeher also ein Hort der Toleranz und Redefreiheit. Die bekannte deutsche Historikerin Karina Urbach, für einige Zeit Gast des Instituts, hatte zu einer Vorlesungsreihe über internationale Beziehungen renommierte Fachkollegen aller politischen Richtungen eingeladen. Als Erster sollte Ferguson sprechen, der einzige konservative Redner. Dagegen protestierten einige Professoren des Instituts und verlangten, die Veranstaltung abzusagen. Ferguson hat in den vergangenen Jahren mit einigen kruden Bemerkungen für manchen Skandal gesorgt. Aber unbestritten ist der Harvard-Professor Spezialist für Finanz-, Wirtschafts- und europäische Geschichte. Dass er im Jahr 2003 die Irak-Invasion von US-Präsident George W. Bush unterstützte und dann auch noch dafür plädierte, die Sozialleistungen in den USA zu kürzen, macht ihn politisch umstritten – aber macht es ihn als Wissenschaftler unerträglich? Die Institutsleitung wies die Aufforderung, Ferguson auszuladen, umstandslos zurück. Doch hatte der Appell der Ferguson-Kritiker, die Vorlesung wenigstens zu boykottieren, offenbar fast vollen Erfolg. Jedenfalls berichtete die *Frankfurter Allgemeine Zeitung* erfreut, die Professoren des Instituts hätten »mehrheitlich scharfe Kritik an der Vortragseinladung« geäußert und seien »fast ausnahmslos« der Veranstaltung ferngeblieben. Die wenigen, die erschienen seien, habe Urbach »schmallippig« begrüßt – vor allem »ein älteres Publikum aus dem Kreis der ›Freunde des Instituts‹«.[25] Tatsächlich hatte jedoch nur eine kleine Minderheit den Boykottaufruf unterstützt, und die überwältigende Mehrheit war der Einladung zum Vortrag gefolgt. Karina Urbach zählte an dem Abend zweihundert Zuhörer, »bekannte Professoren des Instituts, zahlreiche Mitglieder und ganz normale Menschen aller Altersgruppen«.[26] Warum hat der Berichterstatter der deutschen Tageszeitung, Andreas Eckert, falsch informiert? Weil Eckert sich als deutscher Hochschullehrer – für einige Monate als »Member« des Instituts in Princeton – nicht vorstellen konnte, dass vor allem der Boykottaufruf ein Problem für die Freiheit der Wissenschaft sein könnte und nicht der Boykottierte? Weil er sich als Teilzeit-Journalist nicht vorstellen wollte, dass die Meinungsfreiheit nur wahre Tatsachenbehauptungen schützt, nicht aber »fake news«? Weil er mit der deutschen Geschichte im Sinn und dem Lüth-Urteil des Bundesverfassungsgerichts im geistigen Handgepäck davon überzeugt war, von einem deutschen Historiker der Berliner Humboldt-Universität mit dem Spezialgebiet Kolonialkonflikte an der afrikanischen West- und Ostküste könnten die Kollegen in Princeton noch einiges lernen über Zulassungs- und Ausschlussregeln im demokratischen Diskurs? Der berühmte Medizinhistoriker Heinrich von Staden, emeritierter Professor am IAS und politischer Gegner Fergusons, fand für den Boykottaufruf die Worte: »Ich bin in Südafrika aufgewachsen. Mir wollte man vorschreiben, welche Bücher ich nicht lesen darf. Das passiert mir nicht noch einmal.«[27] Das konnte der tapfere deutsche Eckert nicht wissen, wie ihm auch nicht bewusst gewesen sein dürfte, dass die »schmallippige« Karina Urbach die Tochter eines deutschen jüdischen Emigranten ist (der der antisemitischen NS-Hetzschrift *Stürmer* zufolge »wulstige« Lippen gehabt haben müsste).

Einen anderen Weg, gegen unerwünschte Ansichten zu protestieren, wählte die deutsche Kolumnistin Margarete Stokowski, indem sie sich selbst zum Schweigen und ihr Publikum ums Zuhören brachte. Sie sagte im Herbst 2018 die Lesung in einer unbescholtenen Münchener Buchhandlung ab, die neben Standardwerken der Forschung zur neuen Rechten auch Titel des rechtsradikalen Antaios-Verlages anbietet. Ihre Absage begründete Stokowski damit, dass sie ein Problem habe, »in einer Buchhandlung zu lesen, die Bücher von Rechten und Rechtsextremen im Regal stehen hat, also aktiv zum Verkauf anbietet«. Der Buchhändler beteuerte, für ihn gehöre es zum Engagement gegen rechts, »die Texte zu kennen, die Rechte schreiben«. Seine Buchhandlung biete 20 000 Titel an, von denen sich vierzig mit der neuen Rechten beschäftigten, davon seien allerdings nur drei aus dem Antaios-Verlag.[28] Das bewahrte den Mann jedoch nicht vor dem Vorwurf, von seiner »Diskursmacht« als Buchhändler nicht angemessenen Gebrauch gemacht zu haben – mit seiner Entscheidung für das Sortiment habe er ein »Statement« gesetzt.[29] Das Statement beschränkte sich aber auf die Äußerung des Buchhändlers, er empfehle die Lektüre von Büchern vor deren Verurteilung als unlesbar.

Die Bereitschaft zuzuhören nimmt rapide ab. Umgekehrt nehmen die Klagen über eine vermeintlich um sich greifende Zensur seit Jahren zu. Wer sie hört, muss den Eindruck gewinnen, hier stehe eine verzweifelnd kämpfende Minderheit im letzten Gefecht, eine Minderheit, die von der Mehrheit nicht nur zum Schweigen gebracht, sondern gesellschaftlich isoliert und von den Medien des »Mainstreams« unerbittlich an den »rechten Rand« gedrängt wird. Die Opferrolle, die die Kläger sich zuschreiben, lässt sich anhand der beachtlichen Verkaufszahlen, die ihre in etlichen Büchern veröffentlichten Klagen vorweisen, nicht belegen. Auch ihre gesellschaftliche Isolation und der Bannstrahl der Medien scheinen ihre kommode Existenz nicht zu bedrohen. Im Gegenteil, nichts sichert ihnen mehr einträgliche Aufmerksamkeit und die Anerkennung ihrer Gefolgschaft als die Klagen über ihre Opferrolle, in die sie sich durch Zensurexzesse der *political correctness* angeblich gezwungen sehen. Unaufhörlich wähnen sie sich auf der Flucht vor der Sprach- und Denkpolizei der *political correctness*, die seit Jahr und Tag die Redaktionen der Mainstream-Medien, die Universitäten, die Klassenzimmer, ja selbst Ministerien und Polizeibehörden beherrscht, immer bereit, jeden zur Fahndung auszuschreiben, der ein falsches Wort fallen lässt, einen falschen Gedanken äußert, ein falsches Bewusstsein verrät.

Die publizistischen Erfolge, die die Kritiker mit ihrem Widerstand gegen die Vollstreckungsbeamten der *political correctness* erzielen, sind allein natürlich kein Argument gegen die Kritik. Auch die Tatsache, dass ein Gutteil von ihnen gar nichts gegen ihre Bezeichnung als »Rechtspopulisten«, »Islamo-« oder »Homophobe« einzuwenden hat und nur die Kritikwürdigkeit der damit implizierten Einstellungen bestreitet, besagt nichts gegen den Vorwurf ihrer Diskriminierung. Jüngst hat sich sogar eine Persönlichkeit auf ihre Seite geschlagen, die rechtspopulistischer Gesinnungen und gusseiserner Ressentiments auf den ersten Blick unverdächtig ist, ein Liberaler alter Schule, eine Leuchte des Staatsrechts, die ihre wissenschaftliche Karriere einst mit einer Doktorarbeit zur freien Meinungsäußerung begonnen und nun, im hohen Alter (Jahrgang 1932), zum Lebensthema zurückgefunden hat – Ingo von Münch mit seinem 2017 erschienenen Buch: *Meinungsfreiheit gegen Political Correctness.*

In den vergangenen Jahren sind etliche Aufrufe und Streitschriften gegen die *political correctness* erschienen, und neue Aspekte sind auch bei Münch nicht zu entdecken. Aber kein Kritiker formuliert so pointiert und präzise wie der emeritierte Hamburger Staatsrechtslehrer, keine Kritik rückt der *political correctness* mit dem Vorwurf unerbittlicher zu Leibe, sie sei nur ein anderes Wort für Zensur und die von ihr betriebene Diskriminierung aller Andersdenkenden sei eine Gefahr für die Demokratie. Münchs Kampfschrift ist die bisher härteste Anklage der *political correctness.* Die entlarvendste ist sie auch.

Wer das Buch liest, der glaubt, einen Kriegsbericht vor sich zu haben, eine erschütternde Reportage von einem blutgetränkten Schlachtfeld, auf dem die tapfere, doch schwächliche Meinungsfreiheit im Kampf mit der ruch- und gewissenlosen *political correctness* unwiderruflich zu unterliegen droht. Denn ist sie auch mutig, so ist die Meinungsfreiheit leider unbewehrt, von der Justiz, die sie behüten sollte, schmählich verlassen, von den Medien, die sie doch unterstützen müssten, verraten und sogar zum Feind erklärt und von sich moralisch gebärdenden, in Wahrheit barbarischen Moralkeulen-Schwingern fast schon tödlich verwundet. Ihre »Argumentationskeulen« (Münch) heißen »Faschismuskeule«, »Rassismuskeule« und »Nazikeule«. Das System der *political correctness,* das die Barbaren im Blut der Meinungsfreiheit zu errichten drohen, nennt Ingo von Münch »Gesinnungsdiktatur«, in einem ihrer tragenden Pfeiler erkennt er die »Meinungszensur«. Der Zorn, der aus jeder Zeile des ehemaligen Jura-Professors spricht, verwundert nicht. Denn die vermeintlich drohende neue Diktatur erinnert ihn allzu sehr an eine altbekannte. »Die Erfahrung aus der NS-Zeit mit Unterdrückung und Bestrafung von Meinungsäußerungen«, schreibt er, »kann nur sein: Nie wieder in einem Land leben, in dem Meinungsäußerungen unterdrückt oder auch nur gegängelt werden.«[30]

Aber Münch hält das Land für unbelehrbar. Ausgerechnet die *political correctness*, deren Vertreter sich so viel auf ihre Moral zugutehalten, widersetzt sich den Erfahrungen der NS-Herrschaft und betreibt – zur Empörung Münchs – erneut die Gängelung der Medien (deren »Gängelung« durch Reichspropagandaminister Joseph Goebbels lief bekanntlich unter der Bezeichnung »Gleichschaltung«). Als Beispiel ruft Münch den Pressekodex des Deutschen Presserats auf, eine Richtlinie für Journalisten, in der es bis zur Neufassung im März 2017 hieß: »In der Berichterstattung über Straftaten wird die Zugehörigkeit der Verdächtigen oder Täter zu religiösen, ethnischen oder anderen Minderheiten nur dann erwähnt, wenn für das Verständnis des berichteten Vorgangs ein begründbarer Sachbezug besteht. Besonders ist zu beachten, dass die Erwähnung Vorurteile gegenüber Minderheiten schüren könnte.«[31] Dank dieser Regelung sei der Kodex, eine Selbstverpflichtung der deutschen Journalisten- und Verlegerverbände, »längst ein willkürliches Werkzeug« der *political correctness* geworden, klagt Münch, »das Ganze führt nicht nur zu einer Schere im Kopf der Journalisten, sondern zu einer permanent rotierenden Kreissäge«. Also fordert Münch die Abschaffung des »Maulkorbs«. Wenn ein schweres Verbrechen begangen worden sei, habe »die Öffentlichkeit ein verständliches und berechtigtes Interesse an Informationen über den oder die Täter; dies gilt auch für deren Herkunft«.[32] Dass der Pressekodex, dessen Verletzung übrigens schlimmstenfalls mit einer öffentlichen Rüge geahndet wird, just eine – erst 1971 gezogene – Konsequenz aus den NS-Erfahrungen sein könnte, deren Ausbleiben Münch im von der *political correctness* vermeintlich beherrschten Deutschland beklagt, kommt ihm offensichtlich nicht in den Sinn.

Ein Beispiel: Der Berliner Kaufmann Kurt von Kleefeld geriet 1932 in Verdacht, sein Vermögen rechtswidrig ins Ausland transferiert zu haben. Ein Jahr zuvor war in Deutschland die Reichsfluchtsteuer eingeführt worden, um die Kapitalflucht einzudämmen. Der Steuersatz betrug 25 Prozent, die Zahlung war fällig bei Aufgabe des inländischen Wohnsitzes, sofern das Vermögen 200 000 Reichsmark überstieg. Im Jahr 1932 wurden mehrere Fälle der Steuerflucht bekannt, über manche wurde berichtet, über andere nicht. Sehr ausführlich aber wurde in den Zeitungen der Fall des »jüdischen Kaufmanns« von Kleefeld verhandelt, der nicht nur nach Ansicht der offen antisemitischen Presse mit seinem Verhalten ein Beispiel des berüchtigten »Erwerbssinns seiner Stammesgenossen« geliefert habe. Kleefeld ist als Steuerhinterzieher nie angeklagt, aber als Jude in den Zeitungen ein Jahr vor der Machtergreifung der Nazis unwiderruflich verurteilt worden.

Ob jemand Steuern hinterzieht, sich unerlaubt vom Unfallort entfernt oder eine Frau vergewaltigt, hat in aller Regel nichts mit seinem Glauben oder seiner Herkunft zu tun – weshalb der Hinweis darauf in der Berichterstattung über eine Straftat zumeist nur Ressentiments bedient. Das ist keine bloße Vermutung und auch nicht nur verbürgte historische Erfahrung; es genügt ein Blick auf die Transparente ausländerfeindlicher Demonstrationen oder in Leserbriefe an Zeitungsredaktionen heute, um zu erkennen, dass Verbrechen auf einschlägige Ressentiments vitalisierend wirken.

Ebendeshalb hat die Richtlinie des Presserats bis 2017 empfohlen, über die Herkunft von Verdächtigen oder verurteilten

Tätern nur dann zu berichten, wenn ein »begründbarer Sachbezug« besteht. Nach ihrer Reform fordert sie »ein begründetes öffentliches Interesse«. Mit anderen Worten: Im Einzelfall muss der Journalist selbst entscheiden, was und wie viel er über die Herkunft mutmaßlicher oder rechtskräftig verurteilter Straftäter berichten will. Die Verantwortung liegt also bei ihm und dem Medium, für das er berichtet. Auch das gehört zur Pressefreiheit.

Als Beispiel feigen Tributs an die *political correctness* präsentiert Münch die Berichterstattung über den Prozess gegen zwei junge männliche Autofahrer, die sich im Februar 2016 auf dem Berliner Kurfürstendamm ein illegales Rennen geliefert hatten, bei dem ein älterer Verkehrsteilnehmer getötet worden war. Das Verfahren hatte auch deshalb Aufsehen erregt, weil die Täter in erster Instanz wegen Mordes zu lebenslangen Freiheitsstrafen verurteilt worden waren (der Bundesgerichtshof hat das Urteil später aufgehoben). In den von Münch zitierten Zeitungsberichten waren außer dem Alter nur die Vornamen und der erste Buchstabe ihrer Nachnamen erwähnt worden: »Marvin N. (24)« und »Hamdi H. (27)«, nicht ihre Herkunft. Warum? Münch schreibt dazu: »Weil der Maulkorb des Pressekodex eine solche Information grundsätzlich untersagt, reichen die Medien aus dem Gefängnis ihrer Political Correctness dem Publikum oft nur einen kleinen Finger, nämlich in Gestalt der Vornamen der Täter. Soll dann das Publikum darüber rätseln, wo der Täter herkommt.«[33] Wie auch in den meisten anderen Fällen waren allerdings »die« Medien – jedenfalls einige von ihnen – auch hier bei der Lösung des Rätsels behilflich. *Focus Online* informierte beispielsweise am 30. Mai 2016 über die Biografien der beiden: »Hamdi, geboren im Kosovo, arbeitete als Aushilfe bei einem Küchenbauer. Er war polizeibekannt wegen Unfallflucht, fahrlässiger Körperverletzung im Straßenverkehr und versuchtem Einbruch. Einmal musste er seinen Führerschein schon abgeben. [...] Marvin, geborener Berliner und ehemaliger Bundeswehrsoldat, arbeitete für einen Sicherheitsdienst. Mit Mitte 20 wohnte er noch bei seinen Eltern in Marzahn.«[34] Der eine Täter hat also einen Migrationshintergrund, der andere hat keinen. Das kann für die Berichterstattung wichtig sein, aber ebenso gut bedeutungslos – der Journalist darf und muss selbst entscheiden, wie er mit diesen Informationen verfährt.

Für seine Klage über die vom Presserat geknebelten Journalisten ruft Münch als Zeugen erstaunlicherweise Journalisten auf. Sie stehen allerdings nicht unbedingt im Ruf geistiger Beweglichkeit. Die Urteile, ob sie als stramm konservativ, rechtspopulistisch, rechtsradikal oder rechtsextrem anzusehen sind, schwanken:

Da ist zum einen Roland Tichy, früher neoliberaler Chefredakteur der *Wirtschaftswoche*, der in einem Buch (*Ausländer rein! Warum es kein »Ausländerproblem« gibt*) einst daran erinnerte, dass es sich bei Flüchtlingen »um Menschen handelt«, eine Einsicht, die rechtsradikale Autoren im heute von Tichy herausgegebenen Magazin *Tichys Einblick* und im gleichnamigen Internetauftritt so nicht mehr gelten lassen würden. Andersdenkende werden dort gern mal als »rot-grüne Gutmenschen« und »geistig-psychisch krank« bepöbelt. Die von Münch zitierte Behauptung Tichys, dank des Pressekodex gehe »der Minderheitenschutz inzwischen so weit, dass eigentlich nur noch ältere, weiße, heterosexuelle Männer als Täter genannt werden«[35] dürften, entspringt der Fantasie eines älteren, weißen, heterosexuellen Mannes, der damit nicht nur Geld, sondern auch das miserable Renommee verdient, das er sich selbst in konservativen Kreisen erarbeitet hat. Der CDU-Politiker Friedrich Merz beispielsweise weigerte sich im Juli 2018, den Ludwig-Erhard-Preis aus den Händen Tichys, des Vorsitzenden der Ludwig-Erhard-Stiftung, entgegenzunehmen.

Da ist zum anderen Hugo Müller-Vogg, bis zu seinem Rauswurf im Jahr 2001 Mitherausgeber der *Frankfurter Allgemeinen Zeitung*, seitdem fast unvermeidlicher Gast in Talkshows, Kolumnist der *Bild*-Zeitung, Kolumnist der *SuperIllu* und Kolumnist in *Tichys Einblick*. Tichy stellt Müller-Vogg dort mit der Versicherung vor, er sei »einer der bekanntesten Publizisten Deutschlands«, der immer wieder »die öffentliche Debatte« durch Bücher zu Politik und Wirtschaft bestimme. Angesichts seiner medialen Dauer- und Multipräsenz ist Müller-Voggs Klage, aufgrund des Pressekodex werde der Öffentlichkeit ein »Teil der Wahrheit« vorenthalten, im Grunde ein berufliches Armutszeugnis, ja ein Geständnis professionellen Versagens. Schließlich hindert ihn niemand daran, in Talkshows und in seinen Kolumnen den vermeintlich fehlenden Teil der Wahrheit jederzeit nachzureichen. Sollte er sich selbst einen Maulkorb verhängt haben?

Und da sind nicht zuletzt verschiedene Autoren der *Preußischen Allgemeinen Zeitung*, hervorgegangen aus dem *Ostpreußenblatt*, mit einer Auflage von 18 000 Exemplaren gewiss kein Gigant, aber in einschlägigen Kreisen sehr beliebt. Die einen Kritiker des Wochenblatts sagen, es erfülle eine »Scharnierfunktion« zwischen Rechtskonservatismus und Rechtsextremismus, die anderen sehen es auf einem »strammen Rechtskurs«. Das soll an dieser Stelle nicht entschieden werden. Interessant ist jedoch, dass Münch auch Jan Heitmann, den Chefredakteur der Postille, zustimmend zitiert. Dieser, ein Historiker, ist 1990 in dem Buch *Das Ende des Zweiten Weltkriegs in Hamburg* mit einer »atemberaubenden«[36] Entlastung eines Hamburger NS-Gauleiters hervorgetreten und hat außerdem den Presserat als eine »Institution der übertriebenen Selbstzensur der Medien«[37] hingestellt. Über die »Selbstzensur« beschwert sich bei Münch schließlich auch ein Autor der *Jungen Freiheit*. Das Durchschnittsalter der Leser dieses rechtsextremen Blattes liegt bei knapp unter sechzig Jahren, sie dürften überwiegend weiß und heterosexuell sein.

Münch hat eine Streitschrift geschrieben, insofern darf er darauf verzichten, sich mit gegnerischen Zitaten auseinanderzusetzen. Ein Zitat allerdings hätte es – aufgrund des damals exquisiten wissenschaftlichen Renommees seines Urhebers – dennoch verdient gehabt, angeführt zu werden. In der 3. Auflage seines Grundgesetz-Kommentars von 1985 war es nämlich noch derselbe Professor Ingo von Münch gewesen, der knapp und unmissverständlich feststellte: »Keine verf. rechtlichen Bedenken bestehen gegen Selbstorganisationen mit rechtl. unverbindlichen Empfehlungsbefugnissen (Presseselbstkontrolle).« Mit anderen Worten: Die rechtlich unverbindlichen Empfehlungen des Pressekodex erschienen dem damals liberalen Hochschullehrer so selbstverständlich, dass er ihnen nur mit einem Satz Beachtung schenkte.

Der Ohnmächtige kann protestieren und widersprechen, zensieren kann er nicht. Nur wer die Macht hat, hat auch die Macht zur Zensur. Wie groß ist die Macht der *political correctness*? Und wer übt die Zensur in ihrem Namen aus? Die Figur, die Ingo von Münch ins Spiel bringt, ist seit einigen Jahrzehnten in Deutschland in fast jeder Debatte präsent. Es ist der Gutmensch, der »die Ausbreitung der Krankheit der Political Correctness« Münch zufolge dramatisch beschleunigt, also offenbar als Überträger einer gefährlichen Infektionskrankheit angesehen werden muss. Er ist für Münch und zahllose andere Kritiker der Hauptakteur der *political correctness* und zugleich ihr hässliches Symbol.

Das ist das Bild, das sie sich von ihm machen: Wo der

Gutmensch erscheint, verstummt jede Diskussion. Denn er tötet jeden Gedanken und ersetzt ihn durch das große Gefühl, die tiefe Betroffenheit, die Sache des Menschengeschlechts. Mit Argumenten muss man ihm gar nicht erst kommen, aus ihm spricht der Heilige Geist des schmalen Meinungskorridors, jenseits dessen das Reich des Bösen beginnt. Gleichgültig, welches Thema zur Sprache kommt, wie viel der Gutmensch davon versteht, was Experten dazu sagen – immer ist die Moral des Gutmenschen, wie im Märchen vom Wettrennen zwischen dem Hasen und dem Igel, schon vor Ort und ruft: »Ick bün al hier!« Der Anspruch des Gutmenschen, überall mitreden zu können, hat zur Folge, dass er niemals schweigt. Ob Abrüstung, Genitalverstümmelung, Nah-Ost-Konflikt, Hartz IV, Genderfrage, Genforschung, Migration, Umgang mit der NS-Vergangenheit, Tierschutz, gleichgeschlechtliche Ehe, Postkolonialismus, Umweltschutz, Atomenergie, Rassismus, Fremdenfeindlichkeit, Gleichberechtigung, Lebensarbeitszeit, Benzinpreis oder Sexualstrafrecht: Alles überzieht der Gutmensch mit fadem Moralin. Allein der Brustton, in dem er seine Überzeugungen vorzutragen pflegt, macht ihn zur Nervensäge.

Der Gutmensch als Zensor ist demnach offenbar eine Gefahr für die freie Rede. Das beklagt nicht nur Münch. Das behauptet erstaunlicherweise sogar ein von ihm zitierter Autor, der nicht für rechtsradikale Blätter schreibt, Jochen Bittner von der *Zeit*: »Die größte Bedrohung der Meinungsfreiheit in westlichen Rechtsstaaten geht nicht von Regierungen aus, sondern von Mitmenschen, die einander zu Anstandswächtern geworden sind.«[38] Ob Bittner das heute noch so sagen würde, ist zu bezweifeln.

Wenn die Behütung des Anstands tatsächlich sein Ziel gewesen sein sollte, dann ist der Gutmensch damit in den vergangenen Jahren nicht eben erfolgreich gewesen. Im Gegenteil: Es genügt ein Blick in die Zeitung – von den sogenannten sozialen Medien zu schweigen –, um jeden Zweifel an der aussichtslosen Lage zu beseitigen, in der der Anstand sich seit längerer Zeit befindet. Von der Errichtung einer Meinungsdiktatur kann jedenfalls keine Rede sein, wie jeder bestätigen wird, der jemals so unvorsichtig war, auf einem AfD-Parteitag, einer Pegida-Demonstration oder in einem Facebook-Post Begriffe wie »Nächstenliebe«, »Humanität«, »Barmherzigkeit« oder »Solidarität« in den Mund zu nehmen und Menschlichkeit und Migration in Beziehung zu setzen. Aufforderungen wie die, »sich selbst zu ficken«, die Empfehlung an das »Gutmenschenpack«, an das »Arschloch« und den »Wichser«, gefälligst »die Fresse zu halten« und sich »zu verpissen«, gehören längst zum normalen Repertoire derer, die Rülpsen auf Deutsch zur Kulturtat erklären und den »Vogelschiss« zur witzigen Pointe, zum Synonym für den Holocaust, wenn sich das Gespräch der Genozid-Bagatelle der deutschen Geschichte zuzuwenden droht. Was der Gutmensch zu erwarten hätte, wenn seine Verächter nur dürften, wie sie wollten, muss ihm niemand erklären. Es steht in den deutschen Geschichtsbüchern.

Doch für Münch sind die unverschämten Versuche des Gutmenschen, »sich der Sprache zu bemächtigen«[39] und als Zensor den Gebrauch bestimmter Wörter zu verbieten, unübersehbar. Dem Leser steigt der scharfe Brandgeruch der Scheiterhaufen in die Nase, wenn er liest: »So wie im Mittelalter unerwünschte Bücher indiziert wurden, so werden jetzt missliebige Wörter geächtet.«[40] Zu diesem Zweck habe sich ein »Ächtungstribunal« gebildet, die »Sprachkritische Aktion Unwort des Jahres«. Es ist für Münch kein Zufall, dass auf diesem Hochsitz des Gutmenschentums, von dem aus die mit Kanonen bewehrten Sprach- und Denkpolizisten der *political correctness* Jagd auf die harmlosesten Spatzen der deutschen Sprache machen, zum Halali ausgerechnet auf den »Gutmenschen« gerufen wurde. Der Begriff wurde 2015 zum »Unwort des Jahres« gewählt. Über Sinn und Unsinn des »Unworts des Jahres« lässt sich selbstverständlich streiten, nicht aber über die Erfolglosigkeit des Versuchs, den »Gutmenschen« auf diese Weise aus dem Sprachgebrauch zu verbannen. Seine Popularität als Schimpfwort ist ungebrochen. Mehr denn je muss jeder, der öffentlich daran erinnert, dass der erste Artikel des Grundgesetzes die Unantastbarkeit der Menschenwürde garantiert, damit rechnen, als »Gutmensch« verhöhnt zu werden.

Münch selbst ist aber überzeugt: Wenn die Vertreter der *political correctness* nach Belieben die Bepflanzung des »politischen Sprachlands« bestimmen und alle unerwünschten Wörter als Unkraut herausreißen könnten – prost Mahlzeit! Zumal es ihnen nicht nur um die »Herrschaft über die Sprache« gehe. Nicht weniger bestünden sie auf der »Ausgrenzung von abweichenden Ansichten«. Hier hat Münch recht. Das ist das Unsympathische an jeder Epiphanie: Wer eine Offenbarung vorzuweisen hat, braucht keine Debatte mehr, denn rationale Einwände beeindrucken ihn nicht. Offenbarungsreligionen lässt sich alles Mögliche nachsagen, Toleranz und Bereitschaft zum Kompromiss gehören nicht dazu. Das gilt auch für manche Vertreter der *political correctness*, die sich wie Erleuchtete gebärden, die nur ihre Botschaft verkünden und die Aufforderung zum streitigen Gespräch beleidigt zurückweisen. Damit sorgen sie gewiss für keine intellektuelle Befruchtung der Debatte, aber wird diese dadurch wirklich substanziell gefährdet? Vor allem: Handelt es sich dabei tatsächlich um Zensur?

Vor einigen Jahren hat der Lebensmittelkonzern Ferrero die »Diktatur des Antirassismus« (Münch) zu spüren bekommen. Er bewarb seine »Küsschen« aus weißer Schokolade mit den Slogans »Yes Weiss Can«, »Deutschland wählt weiß« und »Weiss

Nuss bleiben!« In einem Werbespot war eine Wahlparty zu sehen, auf der ein weißes Ferrero Küsschen sich an die jubelnde weiße Menschenmenge wandte. Als daraufhin empörte Internetnutzer dem Konzern vorwarfen, er bediene rassistische Klischees, zeigte sich das Unternehmen überrascht und beteuerte auf Facebook sein tiefes Bedauern: »Uns ist es wichtig zu betonen, dass wir strikt gegen jegliche Form von Fremdenfeindlichkeit, Rechtsextremismus oder Rassismus sind und dass wir uns von derartigen Vorwürfen distanzieren. Die ›wählt Weiss‹-Aktion dreht sich einzig und alleine um die Ferrero Küsschen-Sorte mit weißer Schokolade und setzt dabei auf Wortspiele rund um das Wort ›weiß‹ – ganz klar ohne fremdenfeindlichen Hintergedanken.«[41] Das war natürlich Unsinn. Die Frage war nicht, ob der Spot mit rassistischen Klischees spielte – das war offensichtlich –, die Frage war nur, ob einem das Spiel gefiel. Einer relevanten Gruppe potenzieller Kunden gefiel es nicht, weshalb der Spot am Ende zur »Überarbeitung« (Ferrero) zurückgezogen wurde.

War das wirklich ein Triumph der »Diktatur des Antirassismus«? Wenn ein Waschmittelhersteller heute versuchen würde, mit Werbung der 1950er- und 1960er-Jahre, die die Bestimmung der deutschen Frau in ihrem Dasein als Hausfrau erkannte und weiße Wäsche zu deren Lebensziel erklärte, Kundinnen zu gewinnen, müsste er sich über seine Zukunft keine Gedanken machen: Er hätte keine. Er würde damit aber nicht die »Diktatur des Feminismus« zu spüren bekommen, sondern die Realität veränderter gesellschaftlicher Verhältnisse und Einstellungen. Genauso wenig hatte im Fall Ferrero die Zensur des Gutmenschen zugeschlagen.

Aber wie ist beispielsweise die von Münch kritisierte Entscheidung deutscher Buchverlage zu beurteilen, die ein Manuskript ablehnten, das die »Massenvergewaltigungen deutscher

Frauen und Mädchen 1944/1945« durch sowjetische Soldaten behandelt, ohne sich allerdings länger mit den Ursachen der Verbrechen aufzuhalten und mit jenen von Deutschen begangenen Verbrechen, die diesen vorausgingen? Das Buch *Komm Frau!* von Ingo von Münch ist vor einigen Jahren schließlich in einem österreichischen Verlag erschienen, allerdings nicht in irgendeinem Verlag, sondern im Grazer Ares-Verlag, bekannt für die Veröffentlichung nationalkonservativer und rechtsextremer Schriften. Das Buch ist im seriösen Feuilleton verrissen, Ingo von Münch aber der Ostpreußische Kulturpreis für Wissenschaft verliehen worden. Eine Zensur hat jedenfalls auch hier nicht stattgefunden.

Überall sieht Münch die Keule des Gutmenschen am Werk, die Rassismus-, die Nazi-, die Faschismuskeule, das Werkzeug eines unerbittlichen Zensors, der die Meinungsfreiheit in Stücke schlägt. Wer aber wie Münch in der Klage über Rassismus oder nationalsozialistische Gesinnung vor allem den Einsatz einer moralischen Keule erkennt, den Anlass der Klage hingegen aus dem Blick verliert, hat nicht nur mit der Optik ein Problem. Im Sommer des Jahres 2018 starb ein syrisches Kind in Mecklenburg bei einem Verkehrsunfall. Der neunjährige Junge war mit seinem Fahrrad auf dem Gehweg ins Schlingern gekommen und auf die Straße geraten, wo ihn ein Traktor überfuhr. Kurze Zeit später war an der Unglücksstelle zweimal hintereinander ein großes Hakenkreuz auf die Straße gemalt worden, beim zweiten Mal mit der unmissverständlichen Botschaft »1:0«. Manche mögen die Empörung über diese rechtsextreme Barbarei als moralischen Furor abtun, als Keule der *political correctness*. Die Frage ist nur, was geschieht, wenn eines Tages die Empörung ausbleibt und das »1:0« auf der Straße zugleich den vermeintlichen Sieg der Meinungsfreiheit über die *political correctness* markiert.

Von Zensur durch die *political correctness* kann jedenfalls keine Rede sein, umso mehr aber von der Selbstzerstörung des eigenen Renommees, die Professor Ingo von Münch mit seinem Buch *Meinungsfreiheit gegen Political Correctness* vollendet hat. Immerhin legt der einst liberale Staatsrechtslehrer und frühere Hamburger FDP-Senator für Wissenschaft und Kultur seine braunen Quellen offen: Auf 137 Textseiten zitiert er insgesamt 77-mal zustimmend die *Preußische Allgemeine Zeitung* und die *Junge Freiheit*.

6

Von einem frühen Triumph der *political correctness* erzählt das 4. Buch Mose, Verse 22–24, in der Geschichte über den Propheten Bileam. Er war vom König der Moabiter bestochen worden, mit einem Fluch den Vormarsch der Israeliten aus Ägypten aufzuhalten. Bileam ließ sieben Altäre errichten, und auf jedem Altar opferte er einen jungen Stier und einen Widder. Doch hatte Gott dem Bileam »ein Wort in den Mund gelegt«, und als der Prophet den dreifachen Fluch über die Israeliten schleudern wollte, da kam aus seinem Mund ein dreifacher Segen. Der König der Moabiter – enttäuscht von der Vertragsverletzung des gekauften Propheten – klagte: »Was hast du mir angetan? Ich habe dich geholt, damit du meine Feinde verwünschst, und nun hast du sie stattdessen gesegnet.« Bileam antwortete: »Muss ich nicht das sagen, was mir der Herr in den Mund legt?«

Der säkulare Zeitgenosse wird im Wort des Herrn die innere Stimme Bileams erkennen, sein vermeintliches Gewissen oder das gute Zureden des gesunden Menschenverstands, das den Propheten zwingt, sich freiwillig für das moralisch Einwandfreie zu entscheiden, das die Zustimmung aller billig und gerecht Denkenden – in diesem Fall: der israelitischen Zivilgesellschaft – findet.

Na bitte!, werden die Kritiker der *political correctness* rufen, wenn das kein frühes Beispiel übelster Zensur seitens des Gutmenschen ist. Mag sein, nur geht es hier um einen Spezialfall der

Zensur, und der beschränkt sich nicht auf die politisch Korrekten. Die Selbstzensur, um sie handelt es sich offensichtlich, ist zeitlos – es gab sie schon immer –, sie ist ortlos – sie tritt überall auf –, und sie kommt ohne Zensor aus – vielmehr sind wir es selbst, die bewusst oder unbewusst, im stummen Selbstgespräch oder sprachlos uns das Wort verbieten oder in den Mund legen. Wer bestreitet, die Selbstzensur jemals am eigenen Leib, besser: im eigenen Kopf erfahren zu haben, belügt sich selbst oder er unterschätzt die Raffinesse, mit der die Selbstzensur uns in die geplanten Paraden fährt, hat keinen Sinn für die Kraft der Rhetorik, die sie aufbietet, um uns – nur zu unserem Besten, versteht sich – zu überreden, zur Ordnung zu rufen, zum Schweigen zu bringen. So gründlich, nachhaltig und geräuschlos arbeitet nur der Zensor in uns, dass die effizientesten staatlichen Zensoren – selbst jene im chinesischen Internet – dagegen wie Musterbeispiele der Ineffizienz wirken. Vielleicht erklärt das, warum wir so selten und dann nur hinter vorgehaltener Hand über ihn reden – er schätzt es nicht, Gesprächsthema zu sein.

Vor einigen Jahrzehnten hat sich der Schriftsteller Hans Magnus Enzensberger als Täter der Selbstzensur geoutet. Er hatte ein Buch über das nachrevolutionäre Kuba geplant, das er nach einem Besuch in Havanna veröffentlichen wollte. »Einer Publikation stand nichts im Wege: das Thema war brisant, an Vorschüssen hätte es nicht gefehlt, das Risiko eines Bucherfolgs war durchaus gegeben.«[42] Doch war die Reise für ihn eine Enttäuschung gewesen. Mit jedem Tag in Kuba hatte er mehr über die Desinformationen, die Lügen, den Dilettantismus, den Größenwahn, den Wirrwarr und den Despotismus der Revolutionäre erfahren: »Cuba hatte den politischen und ökonomischen Tiefpunkt seiner nachrevolutionären Geschichte erreicht.« Und zu seiner eigenen Überraschung hatte Enzensberger festgestellt, dass ihm jegliche Lust abhandengekommen war, das Buch zu veröffentlichen: »Ich entschloss mich zur Selbstzensur. Das Buch blieb ungedruckt.« Warum die Selbstzensur? Es seien nicht die befürchteten Beschimpfungen seiner Freunde und die Jubelrufe seiner Gegner gewesen, die ihn dazu bewogen hätten: »So etwas ist zwar ärgerlich, läßt sich aber kaum vermeiden.« Gewichtiger seien einige politische Kalküle gewesen, den Ausschlag habe aber vermutlich das Problem mit seiner eigenen Legitimation und seiner Kompetenz als »Revolutions-Tourist« gegeben. Die nach »langem, zähen Streit« mit sich selbst getroffene Entscheidung sei möglicherweise falsch gewesen. Aber ein paar »minimale Einsichten« habe er ihr immerhin zu verdanken. Dazu gehöre die Regel: »Du mußt die Selbstzensur aus dem Dunkel hervorlocken.« Aber am Ende gebe es kein Entkommen.

Wie der Richter, der die von ihm verlangte »Unabhängigkeit« am ehesten erreicht, wenn er sich seiner Abhängigkeit bewusst ist, widerstehen wir den Versuchungen der Selbstzensur am ehesten – aber nur bestenfalls von Fall zu Fall – dadurch, dass wir ihre Unwiderstehlichkeit anerkennen.

Hätte es den Begriff der *political correctness* schon damals – in den 1960er-Jahren – gegeben, hätten Enzensbergers Gegner seinen Akt der Selbstzensur selbstverständlich als infamen Tribut an sie angeprangert. Im Jahr 2016 hatte er schon längst seinen festen Platz im deutschen Wortschatz gefunden. Die sogenannte Kölner Silvesternacht ist zu einem stehenden Begriff geworden für massenhafte sexuelle Übergriffe durch männliche nordafrikanische Flüchtlinge, gravierende Fehler der Polizei bei Einsatzplanung und -ausführung und die zunächst falsche, beschwichtigende Darstellung der Polizei über die Vorkommnisse. Vor allem aber wird die Nacht von Kritikern als Anfang vom Ende der *poli-*

tical correctness und deren »Meinungsdiktatur« in Deutschland gefeiert.

Tatsächlich hatten vor allem die öffentlich-rechtlichen Sender die Bedeutung und das Ausmaß der Geschehnisse auf dem Kölner Domplatz dramatisch unterschätzt und tagelang entsprechend unzureichend darüber berichtet. Aber das war weder die Folge einer Zensur noch die Manifestation einer Selbstzensur, sondern schlichtweg eine journalistische Todsünde. Die Medien hatten sich auf die Darstellungen der Polizei verlassen und damit eine Gutgläubigkeit an den Tag gelegt, die im Privatleben sympathisch ist, im Journalismus aber ein gefährliches Foulspiel am Publikum bedeutet. Sie hätte im Kölner Fall leicht vermieden werden können, hätten die betroffenen Medien aus den »Döner-Morden« gelernt. Unter dieser Bezeichnung geisterten jahrelang die Morde des rechtsextremen Terror-Netzwerks »Nationalsozialistischer Untergrund« (NSU) durch die Medien, die den Beteuerungen von Polizei und Politikern glaubten, wonach die Täter im türkischen Drogenmilieu zu suchen seien. Das war nicht nur falsch, unüberhörbar war und ist auch der xenophobe Unterton, der in dem Begriff »Döner-Morde« mitschwingt. Entsprechend wurde er 2011 von der Jury zum Unwort des Jahres erklärt. In der Begründung hieß es: »Mit der sachlich unangemessenen, folkloristisch-stereotypen Etikettierung einer rechtsterroristischen Mordserie werden ganze Bevölkerungsgruppen ausgegrenzt und die Opfer selbst in höchstem Maße diskriminiert, indem sie aufgrund ihrer Herkunft auf ein Imbissgericht reduziert werden.«[43] Mit der Erfindung und nie hinterfragten Verwendung des Wortes hatten die deutschen Medien den unwiderleglichen Beweis erbracht, dass sie von der »Krankheit der Political Correctness« (Münch) durchaus nicht befallen sind. Ihre unsägliche Berichterstattung über die Kölner Silvesternacht zeigte dann, dass sie unter einer offenbar chronischen Malaise leiden. Ihr Problem ist nicht Zensur oder Selbstzensur, sondern ein nur schwer zu erschütterndes Vertrauen in die Rechtstreue staatlicher Institutionen und ihrer Vertreter, das jede Zensur gegenstandslos macht.

Oder halten Sie es für eine Folge der Zensur, dass die Medien seit Jahr und Tag in Deutschland keine Staatsaffäre ausgerufen haben? Regelmäßig wird zwar öffentlich ein Skandal annonciert, eine Verfehlung gegeißelt und unentschuldbares Versagen angeprangert – es geht dann um Machenschaften von Konzernchefs, um Steuerbetrug der Prominenz, um Dopingbetrug im Leistungssport, um Liebesbetrug in Schauspielerehen. Aber wann haben Sie zuletzt von einem politischen Skandal gehört, der von den Medien recherchiert und aufgedeckt worden wäre, von korrupten Ministern, von erpressten Spitzenbeamten, von betrügerischen Parteischatzmeistern, also von all jenen Verfehlungen des politischen Führungspersonals, die die Medien in anderen Ländern der sogenannten westlichen Welt regelmäßig ihrem Publikum servieren? Historisch Interessierte werden sich an lange zurückliegende Parteispendenaffären erinnern, Witzbolde auf den »Skandal« um den ehemaligen Bundespräsidenten Christian Wulff verweisen. Nun gut, Ende 2018 wurde eine Parteispendenaffäre der AfD bekannt, aber vielleicht war ja auch sie nur eine Erfindung der Lügenpresse.

Inzwischen könnte man aber den Eindruck gewinnen, die Politik habe sich entschlossen, es nur noch mit »Treu und Redlichkeit« zu versuchen und – wie es das Volkslied empfiehlt – »keinen Finger breit von Gottes Wegen« abzuweichen. Davon scheinen jedenfalls die deutschen Medien überzeugt zu sein, weshalb sie vermutlich beschlossen haben, das politische Führungspersonal nicht mehr mit Misstrauen zu kränken. »Wenn man von Faltern liest, von Schilf und Immen / daß sich darauf ein schöner

Sommer wiegt / dann fragt man sich, ob diese Glücke stimmen / und nicht dahinter eine Täuschung liegt.« Wie der Dichter Gottfried Benn fragen vielleicht ja auch Sie, kritische Leserin, argwöhnischer Leser, sich, inwieweit dem schönen Schein zu trauen ist. Die meisten deutschen Medien fragen sich das nicht.

Es gibt kaum einen Journalisten in Deutschland, der nicht jederzeit die Krise der Medien beklagt. Doch es gab und gibt keine Krise der Medien, es gab und gibt immer nur eine Krise des Journalismus. Nicht die Zensur bedroht die Branche, nicht das Internet den Beruf, sondern die Journalisten selbst sind es, die zunehmend jegliche Seriosität im Umgang mit politisch relevanten Themen vermissen lassen. Einigen ausgezeichneten, profund und kritisch berichtenden Zeitungen und öffentlich-rechtlichen Anstalten steht die immer größer werdende Masse der Blätter und Sender gegenüber, die den Husten eines prominenten Sportlers zum Tagesthema machen und Artikel über Talkshows – präziser wäre »Stalkshows«, denn niemand kann ihnen entkommen – für politische Berichterstattung halten. Es ist dann keine Überraschung mehr, wenn die Deutschen jahrelang mit Nachrichten über die neuesten »Döner-Morde« bei ausländerfeindlicher Laune gehalten wurden, statt von rechtsterroristischen Verbrechen zu lesen.

Wenn Medien sich nur noch als Nachrichtenübermittler, als Gestalter von Unterhaltungsprogrammen, als Anbieter von Betroffenheitsberichten und als Faktenchecker verstehen, dann haben Kritik und Kontrolle ausgespielt, und Journalisten, die von »Haltung« sprechen, dürfen über den Spott der Kollegen nicht klagen. Aber das verwundert nicht in einem Land, in dem die Maxime des früheren Fernsehmoderators Hanns Joachim Friedrichs – wenn auch offenbar infolge eines Missverständnisses – zum Leitwort des nach ihm benannten »Preises für Fernsehjournalismus« werden konnte: »Einen guten Journalisten erkennt man daran, dass er sich nicht gemein macht mit einer Sache, auch nicht mit einer guten Sache.« Man erkennt ihn also daran, dass er nüchtern-neutral von den Temperaturen des Mittelmeers berichtet und von den Vorzügen des Schwimmens aus hydromechanischer Perspektive, wenn ein Flüchtlingsschiff mit Mann und Maus versinkt, daran, dass er Mund, Augen und Ohren versiegelt, wenn etwas zu sagen, zu sehen und zu hören ist, das jeder empathische Mensch sagen, sehen und hören müsste. Und das alles nur, um nicht in den Verdacht zu geraten, sich mit einer »guten Sache« gemein zu machen. Kein Politiker hätte den für ihn »guten Journalisten« besser definieren können.

Es fehlt in Deutschland nicht an Medien und erst recht nicht an Journalisten, aber der Mangel an ernst gemeintem Journalismus ist dramatisch. Und der Ernst der Lage ist nicht zuletzt daran zu erkennen, dass der Journalismus das keineswegs als Mangel empfindet. Selbst der Ernst der eigenen Lage ist ihm egal, wie ihm alles Ernste egal ist, nur nicht der Spaß, die Breaking News, die Gefälligkeit und die Rendite – bei ihr hört der Spaß selbstverständlich auf. Der Journalismus aber hat schon lange vorher aufgehört. Nichts gegen Journalismus, der Spaß versteht, aber alles gegen einen Journalismus, der alles, auch sich selbst nur noch als Spaß versteht und erst wieder bei der Rendite ernst macht. Das aber ist die Lage. Sie wird bestimmt von Verlagsmanagern, die auch in Würsten, Intimsprays oder Derivaten machen könnten und entsprechend die Pressefreiheit für ein Wirtschaftsgrundrecht halten. Sie wird bestimmt von Chefredakteuren, die von Recherche nur wissen, dass es sich um ein Fremdwort handelt, das sie in ihrer Zeitung nicht lesen möchten. Sie wird folgerichtig bestimmt von immer mehr sogenannten Journalisten, die irgendwann irgendwie irgendwas »mit Medien« zu machen wünschten – der Erfolg ihrer Bemühungen sollte eventuell Anlass sein, über Beschränkungen der Berufswahlfreiheit in Deutschland nachzudenken (Hinweis für empörte Journalisten: Die Bezeichnung des hier verwendeten rhetorischen Mittels lautet Ironie, altgriechisch *eirōneía*, wörtlich »Verstellung, Vortäuschung«).

Doch wäre die Behauptung übertrieben, früher sei alles besser gewesen. Nur einmal, anno 1962, ist die deutsche Presse so richtig aus der Rolle gefallen. Es war jedenfalls das erste Mal, und vermutlich beschwören Journalisten deshalb bis heute so leidenschaftlich die Erinnerung daran, wenn sie – was sie gerne tun – auf Podien sitzen und über die Ethik oder die Macht der Medien reflektieren. Kommt die Rede auf das erste Mal, hellen sich ihre Mienen auf, ihre Augen glänzen fiebrig, und den Saal, das Studio oder was auch immer sich mit Wortwolken zu Medienmacht und Medienethik bedampfen lässt, durchweht eine Stimmung von Andacht und Weihe. Einmalig, rufen die Journalisten dann, einmalig, wie die deutsche Tagespresse damals, vor bald sechzig Jahren, so richtig aus der Rolle gefallen ist. Einmalig, wie Zeitungskommentatoren damals einfach nicht schrieben, was auch andere schrieben, sondern tatsächlich kommentierten. Einmalig, wie den Redakteuren damals dämmerte, dass in einer Zeitung nicht nur Informationen stehen müssen, sondern sogar eigene Gedanken Platz finden dürfen. Und einmalig auch, dass dieses Geschehen von einem einmaligen Ereignis, einem einmaligen, unvergleichlichen Zensur-Ereignis bewirkt worden ist: der *Spiegel*-Affäre. Nur vergessen die erinnerungsbesoffenen Journalisten zuverlässig, an dieser Stelle zu erwähnen, dass die Rolle, die die bundesdeutsche Presse in der *Spiegel*-Affäre spielte, bis heute nicht gern und darum kaum gespielt zu werden pflegt. Denn die deutsche Presse liebt es ganz und gar nicht, aus der Rolle zu fallen.

Deshalb hatte auch 1962 niemand damit gerechnet, schon gar nicht die Bundesregierung, die Bundesanwaltschaft, das Bundeskriminalamt und der Militärische Abschirmdienst. Weder Bundeskanzler Konrad Adenauer (CDU) noch Bundesverteidigungsminister Franz Josef Strauß (CSU), nicht einmal der Herausgeber des *Spiegel*, Rudolf Augstein, dürfte vorausgesehen haben, welche Folgen ein Beitrag in dem Hamburger Nachrichtenmagazin haben könnte. Mit einem Artikel über die mangelhafte Ausstattung der Bundeswehr (»Bedingt abwehrbereit«) begann nicht nur die größte politische Affäre in der Geschichte der jungen Bundesrepublik, die Augstein und leitenden Mitarbeitern einen Gefängnisaufenthalt, der Redaktion die Aussperrung aus ihren Räumen und dem Magazin den Versuch einer Vorzensur durch die Behörden eintrug, dem *Spiegel* selbst jedoch den Ruf, »Sturmgeschütz der Demokratie« zu sein. Bis heute gilt die Affäre als die wahre Geburtsstunde einer selbstbewussten und kritischen bundesdeutschen Presse. Über Nacht schien diese erkannt zu haben, dass Redaktionen keine Filialen staatlicher Institutionen und Zeitungen keine Verlautbarungsblätter der Regierung sind und dass das Wort der Presse nicht im Sold des Staates steht, sondern im Dienst des Grundgesetzes.

Journalisten und Verleger auf den Barrikaden, gegen Zensur, für Meinungs- und Pressefreiheit – das hatten die Deutschen lange nicht gesehen. Die Gründe, warum sie dreizehn Jahre nach Gründung der Bundesrepublik plötzlich den Mut dazu fanden und sich dem Staat entgegenstellten, beschrieb Paul Sethe, nach dem Krieg einer der Gründungsherausgeber der *Frankfurter Allgemeinen Zeitung*, so: »Die besonderen Begleitumstände des Vorgehens gegen den *Spiegel* waren nur möglich, weil einige mächtige Leute uns noch immer für ein Volk von geborenen Untertanen ansehen. Sie müssen heute einsehen, dass sie sich getäuscht haben. Offensichtlich wollen zahllose Deutsche wirklich freie und aufrechte Staatsbürger sein, und sie verlangen, dass dieser Wille respektiert wird.«[44] Das war der Affront: Eine Presse, der bewusst war, dass sie nicht dem Staat, nicht der Wirtschaft, nicht »einigen mächtigen Leuten«, sondern der Gesellschaft zu dienen hat, die das Wort nicht den Regierenden, sondern der Kritik an den Regierenden zur Verfügung stellt, hatte die Bonner Republik bis dahin nicht gekannt.

Dieses Bewusstsein war nicht neu, nur war es den deutschen Journalisten in den vergangenen hundert Jahren verloren gegangen. Ohne das Bewusstsein hätte es vor 1848 keine politisch fungierende Öffentlichkeit in Deutschland gegeben. Sie wurde von der Presse begründet – von Journalisten wie den von der Zensur geplagten Johann Georg August Wirth (»Die freie Presse ist die Schutzwehr der Völker gegen die Tyrannei der Machthaber«) und Philipp Jakob Siebenpfeiffer, nicht vom Bürgertum, das wäre auch ohne sie ausgekommen. Das gilt erst recht für die Zeit nach der gescheiterten Revolution von 1848, als das Bürgertum sich dem Staat unterworfen, ihm die Wahrnehmung seiner wirtschaftlichen Interessen überlassen und im Gegenzug auf die Durchsetzung der Demokratie verzichtet hatte. Die politisch fungierende Öffentlichkeit war damit Sache der Presse; nicht das Bürgertum, sondern Journalisten und Publizisten wie Johann Jacoby und Heinrich Heine gerieten damit in direkte Konfrontation mit dem Staat. Die Unterdrückung der Pressefreiheit, die Knebelung durch die Zensur war nicht nur ein Symptom der Demokratieverweigerung, sondern ihr Synonym.

Daran änderte sich auch nichts, nachdem der Reichstag 1874 im Reichspressegesetz formal die Pressefreiheit zugestanden hatte. In der Unterdrückung der freien Presse setzten die staatlichen Instanzen fortan weniger auf Verbote, sondern vielmehr auf Manipulation und Vorenthalten von Informationen durch ein System staatlicher Pressestellen. Reichskanzler Bismarck, ein herausragender Stratege manipulativer Öffentlichkeitsarbeit, war, wie Karl Kraus befand, »der Mann, der die Presse als Druckerschwärze auf Papier und die Journalistik als den verfehlten anderen Beruf erkannt hat«.[45] Er schloss am 10. Juni 1869 einen Geheimvertrag mit Wolffs Telegraphischem Bureau (W. T. B.), der ersten Nachrichtenagentur in Deutschland, mit dem er seinen Einfluss auf Nachrichtenauswahl und -gestaltung sicherte. So wurde die deutsche Presse zugerichtet, so hat sie sich auch selber zugerichtet, bis ein Schoßhund im Vergleich mit ihr wie ein Dobermann erscheinen musste und sogar Kaiser Wilhelm II. den Mut zur Häme fand. In einem Brief an seinen Onkel, den britischen König Edward VII., feixte er, zwar sei die Presse in Deutschland und in England gleichermaßen »greulich«, aber in Deutschland habe sie wenigstens nichts zu sagen. Das traf nicht ganz den Kern. Das wenige, das die deutsche Presse bis 1914 zu sagen hatte, kam ihr als Jubelschrei über die Lippen, als Deutschland das neutrale Belgien überfiel und damit den Ersten Weltkrieg begann. Selbst die renommierte, vergleichsweise selbstbewusste *Frankfurter Zeitung* stellte sich jetzt, ohne zu zögern, als Verlautbarungsorgan der Reichsregierung zur Verfügung: »Wir werden siegen, denn wir müssen siegen.«

Nach dem verlorenen Krieg, mit Gründung der Weimarer Republik und der nicht nur formalen Einführung der Pressefreiheit wäre eine gute Gelegenheit für Journalisten und Verleger gewesen, sich auf die Anfänge in der ersten Hälfte des 19. Jahrhunderts zu besinnen und das eigene Wirken als unentbehrliches demokratisches Element der jungen Republik zu begreifen. Und natürlich hat es solche Journalisten und solche Verleger auch gegeben, zum Beispiel Kurt Tucholsky, Siegfried Jacobsohn und

Carl von Ossietzky in der *Weltbühne*, Theodor Wolff, den Chefredakteur des *Berliner Tageblatts*, mit seinen Autoren Alfred Polgar, Erich Kästner und Alfred Kerr, sowie Mitarbeiter der *Vossischen Zeitung*, des ältesten Blattes Berlins, in dem einst Theodor Fontane veröffentlicht hatte und in den 1920er-Jahren der berühmte Gerichtsreporter Paul Schlesinger (»Sling«) und der Feuilletonist Monty Jacobs publizierten.

Aber das waren Ausnahmen, Glanzlichter in stockdunkler Nacht, die im Übrigen die Versteppung und Verwüstung der Presselandschaft nur umso deutlicher hervortreten ließen. In dieser Landschaft konnte nichts wachsen und gedeihen, kein Widerspruch gegen Feinde der Republik, kein Widerspruch gegen die Zersetzung der Demokratie. Zutreffend resümierte Alfred Frankenfeld, in den 1920er-Jahren Journalist und Politiker, später Chefredakteur im Dienst des Axel Springer Verlags: »Der Freiheitsanspruch der Presse [...] hat sich letzten Endes nur in verhältnismäßig wenig Organen bis zuletzt bewährt. Die Masse der deutschen Zeitungen hat, innerlich schon weitgehend ausgehöhlt, dem neuen Regime, wenn auch mit Vorbehalten, gehorcht. Eine gewisse ›innere‹ Gleichschaltung war der äußeren vorangegangen.«

Wenn die deutsche Presse jemals ein schlechtes Gewissen gehabt haben sollte, dann war es nach dem Ende der NS-Diktatur 1945. Niemals waren den bundesdeutschen Journalisten die Erinnerungen an die Anfänge der Presse und ihre demokratische Funktion in der ersten Hälfte des 19. Jahrhunderts, niemals war das Bewusstsein des Versagens im Kaiserreich, im Ersten Weltkrieg und schließlich in der Weimarer Republik gegenwärtiger als in den Jahren nach 1945. Der von den westlichen Siegermächten verordnete demokratische Neubeginn bot eine Gelegenheit, sich mit sich selber auszusöhnen und endlich selbstbewusst die Rolle anzunehmen, an der man hundert Jahre lang gescheitert war. Das Bundesverfassungsgericht hat 1966 diese Rolle beschrieben als »ständiges Verbindungs- und Kontrollorgan zwischen dem Volk und seinen gewählten Vertretern in Parlament und Regierung«.[46] Über Nacht waren die – von den Alliierten mit Lizenzen versehenen – neuen Tageszeitungen bevölkert von begeisterten Demokraten. Darunter fanden sich viele junge Journalisten, die nicht nationalsozialistisch vorbelastet waren, aber eben auch etliche frühere Lohnschreiber des NS-Regimes.

Deren bruchloser Übergang in die Demokratie verlangt eine Erklärung. Über die stupende Anpassungsfähigkeit deutscher Journalisten hat schon der Jurist und Journalist Sebastian Haffner Ende der 1930er-Jahre zu Protokoll gegeben: »Viele Zeitungen verschwanden von den Kiosken – aber viel unheimlicher war, was mit den übrig gebliebenen geschah. Man erkannte sie nicht mehr recht wieder. Man ist gewöhnt, mit einer Zeitung wie mit einem Menschen zu verkehren, nicht wahr, man hat im Gefühl, wie sie auf bestimmte Dinge reagieren, was sie sagen und wie sie es sagen wird. Sagt sie plötzlich das Gegenteil von allem, was sie gestern gesagt hat, verleugnet sie sich völlig und zeigt sie ganz entstellte Züge, so entgeht man nicht einem Gefühl von Irrenhaus. Dies geschah.«[47] Niemand war von der Gelenkigkeit und Rapidität, mit der die überwältigende Mehrheit der deutschen Journalisten den Wechsel von der Weimarer Demokratie in den Nationalsozialismus hinter sich brachte, mehr beeindruckt als die deutschen Journalisten selbst. Das Gefühl, den katastrophalen Bruch des Jahres 1933 dank artistischer Flexibilität persönlich schmerzfrei, ja mopsfidel überstanden zu haben, war offensichtlich so beglückend, dass es zwölf Jahre später nach Wiederholung verlangte.

Sie ereignete sich nach 1945 in der Bundesrepublik, deren Entdeckung des kritischen – und von der Zensur befreiten – Journalismus sich, von prominenten Ausnahmen abgesehen, vor allem Journalisten zuschreiben durften, die die Leser bereits als bewährte Dienstleister der nationalsozialistischen Publizistik kannten. Dazu zählte beispielsweise Werner Höfer, langjähriger Gastgeber des *Internationalen Frühschoppen in der ARD*, der zuvor als Schreibknecht von Josef Goebbels einem wegen Wehrkraftzersetzung hingerichteten jungen, hochbegabten Pianisten höhnisch nachgerufen hatte: »Gerade Prominenz verpflichtet!« Dazu zählte der Herausgeber des Magazins *Stern*, Henri Nannen, der in der Abteilung »Südstern« der SS-Standarte Kurt Eggers erste journalistische Erfahrungen gesammelt hatte. Und dazu zählten auch einige frühere SS-Offiziere, die Rudolf Augstein als Redakteure zum *Spiegel* geholt hatte.

Das war die Lage: In den Redaktionen saßen Seite an Seite gewendete Nazis und ahnungslose junge Redakteure. Den einen hatte in der Vergangenheit das Rückgrat gefehlt, die anderen ließen in der Gegenwart Erfahrung vermissen. So kam man einträchtig zusammen und begeisterte sich für den neuen demokratischen Staat, genauer gesagt: für seine Institutionen. Die liebte die Presse schon damals mehr als ihre Verpflichtung zur Kontrolle der Institutionen. Wenn heute von den Medien als »Vierter Gewalt« die Rede ist – und auf jedem einschlägigen Symposion ist fast immer irgendwann davon die Rede –, dann ist das ungewollt die bedrückende Wahrheit. Viele Medien gesellen sich den drei Staatsgewalten wie selbstverständlich als vierte im Bunde hinzu, als wohlmeinender Partner. Wie in jeder Partnerschaft gilt auch hier die Maxime: »Vertrauen gegen Vertrauen.« Sowohl vor als auch nach der *Spiegel*-Affäre aber hat ein großer Teil der »Vierten Gewalt« vor der Staatsgewalt die Waffen gestreckt. Die hysterische Kommunistenverfolgung in den ersten Jahren der Republik beispielsweise hat die Presse eher befördert als kritisch befragt. Selbst der vor dem Bundesverfassungsgericht gescheiterte Versuch Adenauers, sich ein ihm gefügiges Staatsfernsehen zu schaffen und wie einst Bismarck die Bevölkerung mit kanzleramtlichen Nachrichten zu füttern, wurde mit eher wohlwollendem Desinteresse betrachtet.

An dem Urvertrauen der meisten Journalisten und Medien in die Seriosität staatlicher Information hat sich bis heute im Grunde nichts geändert, wie die gutgläubige Falschberichterstattung sowohl über die Mordserie des NSU als auch über die Kölner Silvesternacht zeigte. Und auch ihre bewährte Gelenkigkeit haben sich die Journalisten bewahrt. Erst schrieben sie den Polizeiangaben hinterher, die »Döner-Morde« gingen auf das Konto türkischer Killer, nach dem Bekanntwerden der wahren Täter der rechtsextremen Terrorgruppe empörten sie sich über die leichtfertig mit dem Begriff »Döner-Morde« bedienten ausländerfeindlichen Ressentiments. Dieselbe Gelenkigkeit – nur mit entgegengesetztem Bewegungsablauf – zeigten sie nach der Kölner Silvesternacht 2015/16. Auch hier schrieben viele den falschen Polizeiangaben hinterher, gaben Entwarnung und erteilten Pauschalurteilen über Flüchtlinge als potenzielle Straftäter eine Absage. Seitdem aber der Umfang der sexuellen Übergriffe bekannt geworden ist, wird über Flüchtlinge vor allem als potenzielle Straftäter berichtet. Ein Kommentator des WDR – der Sender war in den Tagen nach der Silvesternacht durch besonders gutgläubige Berichterstattung aufgefallen – erkannte ein Jahr später am Kölner Hauptbahnhof »gewaltgeile Männerhorden«, obwohl Beweise nordafrikanischer Gewaltgeilheit fehlten, und zeigte auf diese Weise, dass bei Journalisten vielleicht nur auf wenig Verlass ist, aber auf ihre Gelenkigkeit immer.[48]

Als das Bundesverfassungsgericht im Sommer 1966 sein berühmtes »Spiegel-Urteil« verkündete, lehnte es zwar – mit vier zu vier Richterstimmen – die Verfassungsbeschwerde Augsteins gegen das Vorgehen der Behörden ab, bescheinigte der Presse zugleich aber eine entscheidende Funktion in der Demokratie: »Eine freie, nicht von der öffentlichen Gewalt gelenkte, keiner Zensur unterworfene Presse ist ein Wesenselement des freiheitlichen Staates; insbesondere ist eine freie, regelmäßig erscheinende Presse für die moderne Demokratie unentbehrlich.«[49] Schon damals haben nur wenige Journalisten begriffen, dass die so beschriebene Pressefreiheit nicht bloß das Recht ist, über Politik zu berichten, sie zu moderieren und hier und dort mit einem Leitartikel zu bedenken. Sie enthält eben auch die Verpflichtung zur Kontrolle. Die aber setzt Kenntnis, Unabhängigkeit und die Bereitschaft zur Kritik voraus.

Daran fehlt es, wenn Journalismus vor allem als Dienstleistung am Kunden begriffen wird, nicht als Dienstleistung an der Gesellschaft, die auf die Leistung nicht etwa deshalb Anspruch hat, weil sie dafür bezahlt, sondern weil das Grundgesetz ihn ihr verschafft. Die Freiheit der Presse ist nicht deshalb besonders – auch durch das Zensurverbot – geschützt, weil die Verfassung die Renditeerwartungen von Unternehmen heben und Betriebswirten ein Betätigungsfeld als Chefredakteure erschließen wollte, sondern weil die demokratische Gesellschaft ohne den freien Fluss der Information, ohne deren professionelle Aufarbeitung und kritische Befragung nicht bestehen kann. Wenn das nicht verstanden wird – und es wird von immer weniger verstanden –, dann ist das Verbot der Zensur keine Beruhigung. Der Verzicht des Schaffners auf die Kontrolle des Tickets ist folgenlos, wenn der Reisende die Zugfahrt gar nicht erst antritt.

7

Der *Brockhaus* definiert Diktatur folgendermaßen: »Diktatur die, -/-en, eine auf unbegrenzte oder unbestimmte Dauer angelegte, bes. als Ggs. zur → Demokratie begriffene Herrschaftsform. Sie steht in enger Verwandtschaft zum → autoritären Staat.«[50] Als ihre Erkennungsmerkmale gelten unter anderem die Konzentration der Staatsgewalt in der Hand eines Einzelnen oder einer Gruppe, die Aufhebung der Gewaltenteilung, die Ausschaltung oder weitgehende Behinderung der Öffentlichkeit bei der Kontrolle der politischen Macht, die Beschneidung oder Beseitigung der Unabhängigkeit der Justiz. Daraus folgt: »Wäre Facebook ein Staat, wäre es eine Diktatur.«[51] Das ist nicht bloß die steile These eines Online-Experten der *Süddeutschen Zeitung*, sondern die unvermeidliche Erkenntnis eines jeden, der einmal mit dem sozialen Netzwerk intensiver in Berührung gekommen ist. Dass sie nicht jedem seiner 2,23 Milliarden Mitglieder dämmert, hat nichts mit fehlendem politischen Bewusstsein zu tun, sondern nur mit der Art der Berührung: Nicht jeder erlebt Facebook – und andere soziale Netzwerke wie Instagram oder Twitter – in jener Rolle, die in Diktaturen von jeher zentrale Bedeutung hat: als Zensor.

Nicht jeder User wird von Facebook zum Schweigen gebracht wie vor einiger Zeit die junge Wiener Schriftstellerin Stefanie Sprengnagel, die unter dem Pseudonym Stefanie Sargnagel ihre

Texte vor allem in diesem sogenannten sozialen Netzwerk veröffentlicht. Sie hatte mit zwei Kolleginnen einen satirischen Text über eine mit einem Stipendium geförderte Marokko-Reise veröffentlicht, in dem sie kulturelle Codes parodierten: »In Miniröcken gekifft«, »mit dem Muezzin geknutscht« und »eine Babykatze zur Seite getreten«. Der Online-Chefredakteur eines österreichischen Boulevardblatts hatte die Satire entweder nicht erkannt oder böswillig ignoriert, jedenfalls hatte er unter der Überschrift »Saufen und kiffen auf Kosten des Steuerzahlers« eine Kampagne gegen Sprengnagel gestartet, die daraufhin eine Lawine sexistischer Postings und Mord- und Vergewaltigungsdrohungen gegen die Autorin auslöste – und zu einer Sperrung Sprengnagels bei Facebook führte. Warum das Opfer der Hass-Mails gesperrt wurde, nicht aber deren Verfasser, hat Facebook nicht verraten. Und welche Regeln Sprengnagel verletzt haben könnte, ist bis heute ebenfalls ein Betriebsgeheimnis des Konzerns.

Facebook verschweigt, wie viele Nutzer jeden Tag gesperrt und wie viele Beiträge gelöscht werden – es sind unzählige. Facebook teilt nicht mit, warum der eine Nutzer gesperrt wird, aber der andere nicht – hier von Willkür zu reden, wäre euphemistisch. Facebook verrät nicht, warum Beiträge gelöscht werden, die gegen kein Gesetz der analogen Welt verstoßen haben, so wie Facebook auch nicht verrät, warum unzählige Beiträge *nicht* gelöscht werden, die sehr wohl gegen Gesetze der analogen Welt verstoßen. Mit anderen Worten: Facebook verrät zwar und wirbt auch damit, dass noch nie so viele Menschen miteinander kommuniziert haben wie auf Facebook, aber es verrät ihnen nicht, dass sie sich alle in einem rechtsfreien Raum befinden. Darin sind die Gesetze der analogen Welt de facto außer Kraft gesetzt, und es gilt nur das Recht des Stärkeren – in diesem Fall die Gemeinschaftsstandards der Plattform, von denen Facebook selbst sagt, dass sie »vielleicht manchmal weniger differenziert (erscheinen), als wir es uns wünschen würden, was dazu führt, dass sie am Ende nicht immer ihrer zugrundeliegenden Absicht entsprechen«.[52] Wobei die zugrunde liegende Absicht im Einzelfall nicht zu erfahren ist.

Das Verfahren, Autoren zu sperren und Beiträge zu löschen, als Prozess betrachtet: Eine Anzeige wird von einem anonymen Staatsanwalt geprüft, der Anklage vor einem anonymen Gericht erhebt, das er selber ist und das ein Urteil über einen von keinem Verteidiger vertretenen Angeklagten fällt, ohne dass dieser Gründe für das Urteil erfährt. Kafkas »Prozess« im digitalen Zeitalter: »Jemand musste Josef K. verleumdet haben, denn ohne dass er etwas Böses getan hätte, wurde er eines Morgens gesperrt.«

»Schön und gut«, werden Sie, aufmerksame Leserin, konzentrierter Leser, hier einwerfen, »aber was hat das mit Zensur zu tun! Haben wir nicht am Anfang dieses Traktats erfahren, dass für Juristen von Zensur nur die Rede ist, wenn der Staat eingreift, und dann auch nur, wenn eine geplante Veröffentlichung verhindert wird? Und überhaupt: Es macht doch keinen Unterschied, ob eine Plattform wie Facebook einen Beitrag löscht oder eine Zeitung einen Leserbrief nicht druckt. Im einen wie im anderen Fall handelt es sich um eine redaktionelle Entscheidung. Also halten Sie mal hübsch den Ball flach.«

Ihre Einwände, verehrte Leserin, geschätzter Leser, sind vollkommen berechtigt. In den vergangenen Jahren sind allerdings einige Entwicklungen hervorgetreten – manche sprechen von einer Revolution, mit der verglichen die Erfindung des Buchdrucks nur Tüddelkram sei –, die es nahelegen, über den Begriff der Zensur und den Sinn ihres Verbots noch einmal nachzudenken. Sie werden einräumen, dass zwischen einer Zeitung mit einer Auflage von einigen Hunderttausend Exemplaren und einem sozialen Netzwerk mit mehr als 2,2 Milliarden Nutzern, von denen viele »Facebook« und »Internet« synonym verwenden, ein gewisser Unterschied besteht. Und was das Zensurverbot betrifft, so ist zu seiner Begründung seit längerer Zeit eigentlich alles gesagt. Im Jahr 1796 erschien in einer frühliberalen Zeitschrift der Aufsatz eines ungenannten Autors mit dem Titel »Versuch über die Freiheit der Presse«[53], in dem die Meinungsfreiheit als Menschenrecht verteidigt wird:

> Jede Kraft im Menschen verlangt Aufmunterung: da Preßfreiheit diese Absicht begünstigt und den Geist forschbegierig macht, so ist jede Einschränkung, Gedanken durch Druck zu verbreiten, um die Menschen durch ihren Umlauf und durch ihr Anstoßen an Meinungen zu bilden, pflichtwidrig. Zwar kann und muss jeder Mensch der Form nach seine Gedanken ohne Hülfe anderer prüfen und sichten, um ihnen das Gepräge seines Geistes und des Selbstdenkens aufzudrücken, aber über ihren Inhalt, den ihm bald sein eigen Subjekt, bald die Außenwelt giebt, und dessen Wahrheit ihm zu erforschen obliegt kann er oft nicht bloß durch und für sich selbst befriedigenden Aufschluss erhalten, sondern muß die Untersuchungen Anderer zu Rathe ziehen. Er muß daher die Gedanken andrer erforschen; ihre Resultate prüfen, ihren Gesichtspunkt, aus dem sie den Gegenstand ansahen, aufsuchen, um sein Denken zu leiten, zu bereichern, zu berichtigen und zu ermuntern. Durch dieses Reiben der menschlichen Kräfte aneinander, und durch diese Wechselwirkung wird die Denkkraft geübt, gestärkt und selbstvertrauend gemacht. Trägheit des Verstandes und Stumpfsinn würde überhand nehmen, wenn die Menschen nicht oft durch fremde und sonderbare Meinungen angefeuert und herausgefordert würden.

An diesem Befund hat sich bis heute nichts geändert. Wolfgang Hoffmann-Riem, einer der führenden deutschen Medienrechtler und ehemaliger Richter am Bundesverfassungsgericht, begründet das Zensurverbot nicht anders, nur moderner: Es diene der »Verhinderung einer Lähmung des Geisteslebens und des manipulativ steuernden Zugriffs auf Kommunikationsinhalte«.[54] Als Adressat des Plädoyers für die von keiner Zensur bedrohte Meinungsfreiheit kam 1796 nur der Staat in Betracht (»Allein auch ein rechtlich organisierter Staat darf keine Kritik über sich verbieten«), Hoffmann-Riem hatte dagegen einen anderen Gefährder der Meinungsfreiheit im Blick, als er im Jahr 2002 über »Medienregulierung als objektiv-rechtlicher Grundrechtsauftrag« nachdachte: »Historisch gesehen ist das Zensurverbot als Mittel gegen staatliche und kirchliche Zensur entstanden. Die Zensurfreiheit war im 19. Jahrhundert der wesentliche Kern der Pressefreiheit. Als Gefährder erschien in erster Linie der Staat. Das Zensurverbot schafft daher ein Abwehrrecht des Einzelnen gegen den Staat. Heute aber gibt es weitere Gefahrenträger.«

Als Hoffmann-Riem diese Sätze schrieb, gab es noch kein Facebook – das soziale Netzwerk wurde erst zwei Jahre später gegründet – und damit auch noch keinen Tag und Nacht arbeitenden anonymen Gerichtshof, der seine Rechtsprechung mittels »Lösch-Taste« betreibt. Die Gefahren für die Meinungsfreiheit, die von Internetprovidern ausgehen, hat Hoffmann-Riem dennoch schon damals ebenso vorausgesehen wie die unausweichlichen Folgen für die Interpretation des Zensurverbots im Grundgesetz. Kurz gefasst, argumentiert der Jurist folgendermaßen: Der Kampf um die Freiheit sei immer auch ein Kampf gegen die Macht. Freiheitsrechte verlangten also die Bereitstellung von Mitteln gegen Machtmissbrauch. Gehe das Risiko des Machtmissbrauchs von privaten Unternehmen aus, dann setze eine freiheitliche Ordnung »Schutz auch vor ihm« voraus. Das Zensurverbot sei also nicht nur ein »Abwehrrecht des Einzelnen gegen den Staat«, sondern verpflichte den Staat, eine die Meinungsfreiheit bedrohende Zensur durch Privatunternehmen zu unterbinden.

Einerseits, schreibt Hoffmann-Riem, gebe es ein weitgehendes Einverständnis, dass bestimmte Inhalte aus dem Internet herauszuhalten seien, von der Pornografie bis zu Anleitungen zum Bombenbau. Andererseits komme der Nationalstaat als Kontrolleur kaum in Betracht, denn angesichts der Struktur des Internets habe er dort so gut wie keine Möglichkeiten der Kontrolle. Das Internet werde nicht vom Staat verwaltet, sondern von mächtigen Unternehmen – heute die Internetgiganten Google, Apple, Facebook und Amazon (kurz: GAFA) –, die es übernommen hätten, anstelle des Staates das Internet auf unerwünschte Inhalte zu durchkämmen, sie zu sperren oder zu löschen. Diese Maßnahmen wurden schon damals – und werden auch heute – von den Providern gesetzlich verlangt.

Hier kommt Hoffmann-Riem zum entscheidenden Punkt: Blicke man auf den traditionellen Gehalt des Zensurverbots, dann hätten systematische Inhaltskontrollen und Filterungen der Verbreitung von Inhalten durch private Provider nichts mit Zensur im Sinne des Grundgesetzes zu tun. Denn es handle sich ja nicht um Zensurmaßnahmen des Staates. Da aber der »übergreifende Sinn« des Zensurverbots darin liege, die Lähmung des Geisteslebens zu verhindern, sei es naheliegend, auch in der Tätigkeit privater Filterinstanzen eine ähnliche Gefahr für die Freiheitlichkeit der Kommunikation zu sehen, wie sie früher vom Staat ausging.

Denn wer garantiere, dass die Kontrollmaßnahmen sich auf das Sperren oder Löschen strafbarer Inhalte beschränkten (ganz abgesehen davon, dass es schwierig sei, die Grenze des Strafbaren zu bestimmen)? Und wer garantiere, dass nicht Inhalte ausgefiltert würden, die den Providern politisch unerwünscht seien? Es liege auf der Hand, dass eine Garantie gegen Machtmissbrauch nicht gegeben werden könne, »wenn nicht auch hier die ordnende Kraft des Rechts wirksam wird«. Wie aber kann diese wirksam werden? Hoffmann-Riem empfiehlt eine neue Interpretation des Grundgesetzes, die von den Juristen erhöhte Flexibilität und von den Gerichten gesteigerte Leistungsbereitschaft verlangt. Er fordert, das bisher nur gegen den Staat gerichtete Zensurverbot auf mächtige Internetkonzerne zu erweitern.

Der Vorschlag ist vernünftig und hat an Aktualität nichts eingebüßt, im Gegenteil. Das Zensurverbot ausschließlich als Verbot staatlicher Vorzensur hat ausgedient – wenn nicht auf Dauer die Meinungsfreiheit im Internet ausgedient haben soll. Es wird Kritiker geben, die verlangen werden, an der bisherigen Interpretation der Zensur im Grundgesetz festzuhalten. Der Begriff der Zensur ist jedoch ebenso einem Wandel unterworfen wie andere Begriffe auch, zum Beispiel der der Ehe. Jahrhundertelang war sie bestimmt als »ein von gott eingesetztes band zwischen mann und weib«.[55] Mit der Einführung der Zivilehe im 19. Jahrhundert war zunächst Gott aus dem Spiel, seit dem 1. Oktober 2017 ist es auch mit der Verbindung von Mann und Frau als alleiniges Wesensmerkmal der Ehe vorbei: An dem Tag trat das Gesetz zur Einführung des Rechts auf Eheschließung für Personen gleichen Geschlechts in Kraft.

Es scheint, als sei die Botschaft Hoffmann-Riems inzwischen zumindest in einem Fall bei den Gerichten angekommen. Das Oberlandesgericht München im August 2017 entschied, dass nicht die Gemeinschaftsstandards von Facebook, sondern allein das Grundgesetz den Maßstab dafür liefere, ob ein Beitrag gelöscht werden dürfe oder nicht. Facebook dürfe also beim Löschen von Kommentaren der Meinungsfreiheit keine engeren Grenzen setzen als staatliche Stellen. Mit der Löschung einer umstrittenen Äußerung einer AfD-Politikerin habe der Konzern seine Vertragspflicht verletzt, auf die Rechte der Nutzerin Rücksicht zu nehmen, insbesondere auf ihr Grundrecht auf Meinungsfreiheit. Die Politikerin war in einer hitzigen Debatte um einen Bericht von *Spiegel Online* über österreichische Grenzkontrollen in Facebook-Kommentaren als »Nazischlampe« bezeichnet worden. Daraufhin hatte sie einer Userin, die diese Äußerung mit einem Like unterstützt hatte, unter anderem mit einem Zitat von Wilhelm Busch geantwortet und dazu geschrieben: »Ich kann mich argumentativ leider nicht mehr mit Ihnen messen. Sie sind unbewaffnet und das wäre nicht besonders fair von mir.« Diese Äußerung hatte wiederum Facebook mit Hinweis auf seine Gemeinschaftsstandards gelöscht. Das aber benachteilige die Nutzerin auf »unzulässige Weise«, befand das Gericht, denn das Löschen von Kommentaren werde damit ins freie Belieben von Facebook gestellt. Das Grundgesetz habe Vorrang vor dem »virtuellen Hausrecht« der Plattform.

Die Versicherung von Google, Facebook & Co., ihr Unternehmensziel sei die Verbindung von Menschen (*Connecting people*), ist nicht einmal die halbe Wahrheit und der Begriff »User«, mit dem sich die Teilnehmer des Internets selber bezeichnen, ein kühner Euphemismus. Es sollte sich inzwischen herumgesprochen haben, dass die User für die angebliche Gratis-Kultur des Internets einen hohen Preis zu zahlen haben. Selbst derjenige, der sich von den perfekt auf seine vermeintlichen Interessen und Bedürfnisse abgestimmten Anzeigen nicht beeindrucken lässt, entkommt nicht der Rolle als Datenlieferant, die das Internet jedem »User« zuweist.

Ihnen ist hoffentlich klar, kritische Web-Surferin, argwöhnischer Smartphone-Nutzer, dass jede Ihrer Suchbewegungen registriert, jeder Einkauf vermerkt, jeder Wechsel Ihres Standorts gemeldet und die Dauer, die Sie auf das Betrachten eines YouTube-Videos verwenden, exakt gemessen wird. Und als Mitglied eines sozialen Netzwerks sollte Ihnen bekannt sein, dass die Spuren, die Sie dort als Daten hinterlassen, Aufschluss über Ihre politischen Präferenzen, Ihre sexuelle Orientierung und Ihr gesundheitliches Befinden geben – und dass das Netzwerk sich für nichts anderes mehr interessiert als für Daten, nicht nur für diese, sondern für ausnahmslos alle Daten, die es an Daten-Broker verhökern kann. Die wiederum sind mit nichts anderem beschäftigt, als zwischen diesen und den abgesaugten Daten anderer Nutzer Korrelationen herzustellen, die eine seriöse Prognose des Kundenverhaltens ermöglichen: Ein Mann, der Kriegsfilme liebt, wird sich wahrscheinlich zum Kauf von Nudelsalat und Erdnussflips inspirieren lassen; eine Frau, die politisch nach rechts tendiert, wird vermutlich einen Flug nach Mallorca oder eine Busreise zum Kyffhäuser buchen. Wir dürfen uns die Broker nicht als betuliche Einzelhändler vorstellen: Es handelt sich um eine 200-Milliarden-Dollar-Branche.[56] Und die Prognosen, die sie mittels Algorithmen erstellen, dienen keiner Werbung im klassischen Sinne, die sich darauf beschränkte, dem Publikum Produkte anzubieten, wahllos, ins Blaue hinein, ohne den Bedürfnissen des Einzelnen Beachtung zu schenken. Werbung war gestern, heute ist Manipulation. Immer genauer werden die Eigenschaften, die Stimmungen, die Lebenslagen der potenziellen Kunden, der Nutzer, gemessen, und in jedem Einzelnen werden Wünsche geweckt, von denen er eben noch nicht einmal wusste, dass er sie hat. Jaron Lanier, ehemaliger »Tech-Guru« und heute einer der schärfsten Kritiker der Social Media, sagt es so: »Was früher

Werbung genannt wurde, muss heute als unaufhörliche Verhaltensmodifikation in gigantischem Umfang verstanden werden.«[57]

Als gut unterrichtete Zeitgenossen erinnern Sie sich bestimmt, dass das Bundesverfassungsgericht vor ein paar Jahren das Grundrecht auf informationelle Selbstbestimmung aus der Taufe gehoben und beteuert hat, mit diesem Recht »wären eine Gesellschaftsordnung und eine diese ermöglichende Rechtsordnung nicht vereinbar, in der Bürger nicht mehr wissen können, wer was wann und bei welcher Gelegenheit über sie weiß«.[58] In diese grundrechtswidrige Gesellschafts- und Rechtsordnung begibt sich gleichwohl jeder, der mit einem Klick die AGBs und Datenschutzhinweise der Tech-Konzerne bestätigt und ihnen damit seine persönlichen Daten widerstandslos überlässt. Der Eintritt beginnt zumeist mit einer Lüge, denn die Beteuerung per Klick, die AGBs und Datenschutzhinweise gelesen zu haben, dürfte nur bei eingefleischten Masochisten der Wahrheit entsprechen. Alle anderen werden auf die Lektüre dankend verzichten. Und wer die Hinweise liest, der versteht sie nicht. Selbst wer sie liest *und* versteht, hat keine Wahl: Wenn er Mitglied der Community werden will, muss er sich den Regeln von Google, Facebook & Co. unterwerfen. Das aber bedeutet: Keiner weiß, welche Daten von wem abgesaugt, an wen verkauft und zu welchem Zweck verwendet werden. Sicher ist nur, dass sie alle abgesaugt, alle verkauft und zu allen möglichen Zwecken verwendet werden.

Auch so entsteht natürlich Transparenz – der Kunde, der Nutzer wird im Netz vollkommen entblößt. Die Transparenz aber, die einst als Kardinaltugend des Internets versprochen und gepriesen wurde, hat es nie gegeben. Wie die Algorithmen von Facebook funktionieren, ist nicht bekannt. Niemand weiß, welche Faktoren etwa Einfluss auf den Newsfeed-Algorithmus (»Edgerank«) haben, der nach Angaben des Konzerns dazu dient, jedem einzelnen User die vermeintlich interessantesten und besten Inhalte anzuzeigen: »Die Meldungen, die in deinen Neuigkeiten angezeigt werden, werden von deinen Verbindungen und Aktivitäten auf Facebook beeinflusst. Auf diese Weise siehst du mehr interessante Meldungen von Freunden, mit denen du am meisten interagierst.«[59] Klar ist vor allem das Interesse Facebooks, möglichst vielen Usern für sie möglichst interessante Meldungen einzublenden – denn je länger sie auf einer Seite verweilen, desto mehr Werbung wird ihnen angeboten. Sollte ein Nutzer den Wunsch verspüren, statt der »interessantesten« die neuesten Informationen zu erhalten, wäre er bei Facebook an der falschen Adresse. Er kann nicht nur nicht auf das Filtern des Algorithmus dankend verzichten, auch die Kriterien des Algorithmus bestimmt nicht er, sondern ausschließlich Facebook, das sie jedoch verheimlicht. Bekannt ist nur, dass die Meldungen am »interessantesten« sind, die die meisten »Likes« bekommen. Und weil nichts interessanter ist als Flüche und Beleidigungen, üble Nachreden, Hass und Hetze, erhalten einschlägige Meldungen die meisten »Likes«.

Vor einigen Jahren hat der Internetaktivist Eli Pariser die Entstehung von »Filterblasen« im Netz beschrieben. Wenn den Nutzern nur Informationen angezeigt werden, die mit ihren bisherigen Ansichten übereinstimmen, wird sich ihr Blickwinkel mit der Zeit unmerklich verengen. Sie bewegen sich in einer für sie unsichtbaren Blase, vollkommen isoliert, für andere unerreichbar und abgeschirmt von allen Informationen, die ihr Blickfeld erweitern, ihre Ansichten infrage stellen und ihr Weltbild erschüttern könnten. Mit anderen Worten: Es handelt sich um das Gegenteil von Kommunikation. Denn das lateinische Wort *communicare* bedeutet »gemeinsam machen, vereinigen«. Der Facebook-Algorithmus hingegen führt den Nutzer nur noch mit sich selbst zusammen, und an die Stelle der Vereinigung mit anderen tritt das Spiegelbild des Einzellers.

Der Weg vom Bürger zur Social-Media-Amöbe ist gar nicht weit. Die Mutter des deutschen Bloggers Schlecky Silberstein hat ihn vor einiger Zeit zurückgelegt.[60] Um sie vor dem einsamen Leben einer alleinstehenden Frühpensionärin zu bewahren, hatte ihr Sohn sie an das Internet herangeführt. Schon nach kurzer Zeit bemerkte er eine dramatische Änderung der politischen Einstellung der ehemals linken Sozialpädagogin. Es begann damit, dass sie sich nach dem Ort einer Pegida-Demonstration erkundigte, an der sie teilnehmen wollte. Wenig später empörte sie sich über »manipulierende Mainstream-Medien und eine von den USA eingefädelte islamische Invasion«.[61] Es folgte eine Beschwerde über den Blog ihres Sohnes, in dem sich Silberstein über den US-Präsidentschaftskandidaten Donald Trump lustig gemacht hatte. In ihrer Mail beschimpfte die Mutter Hillary Clinton als »Killary« und sagte die Wahl Trumps zum US-Präsidenten voraus: »Dann ist endlich Schluss mit den Lügen!« Trump wurde nicht nur zum Präsidenten gewählt, Mutter Silberstein, die von der US-Politik nicht das Geringste verstand, war unterdessen zu seiner »glühenden Anhängerin« geworden, und der ratlose Sohn beschloss, den Ursachen der Veränderung seiner Mutter auf den Grund zu gehen. Er sah sich auf ihrer Facebook-Wall (Pinnwand) um und stellte fest, dass sie nicht nur mehrmals in der Stunde rechte Links geteilt, geliked und Trump als »Befreier von allem« gepriesen hatte. Sie war auch zur Putin-Anhängerin und »Brexit-Evangelistin« geworden. Und sie hatte mehr als 4000 Facebook-Freunde gewonnen. Innerhalb kurzer Zeit war die Frequenz ihrer Social-Media-Aktionen rapide gestiegen. Um die Zahl der »Likes« zu erhöhen, hatte sie einschlägige Kommentare von Fremden kurzerhand aus dem Netz kopiert und als eigene gepostet. Auf der Suche nach den Gründen hegte ihr Sohn alsbald einen bestimmten Verdacht: »Dieser ganze neurechte Irrsinn hatte nichts mit ihrer politischen Überzeugung zu tun.« Es sei ihr nur um die Kennzahl unter ihren Links und Kommentaren gegangen: die Likes. Ihr sei jedes Mittel recht gewesen, um endlich so etwas wie soziale Anerkennung zu bekommen, die ihr ein Leben lang versagt worden sei.

Der Verdacht sollte sich bestätigen, mit einer – allerdings gravierenden – Einschränkung: Selbstverständlich hatte der von seiner Mutter verbreitete »neurechte Irrsinn« eben doch etwas mit ihrer politischen Einstellung zu tun: »Natürlich nimmt man die politische Haltung der Echokammer an, wenn man sich den ganzen Tag auf der Jagd nach Likes mit rechtskonservativen Nachrichten beschäftigt.« Der Facebook-Algorithmus hatte das Faible Mutter Silbersteins für eine bestimmte Art von Nachrichten registriert, um ihr anschließend mehr davon zu geben: »Wie es der gleiche Algorithmus wohl auch bei Anders Breivik tat.«

Sind die Filterblasen also eine Erscheinungsform von Zensur? Wer so fragt, bekommt zu hören, niemand sei gezwungen, sich der Hirnwäsche auszusetzen, und nur wer sich freiwillig in die Gefahren begebe, die von Social-Media-Algorithmen ausgehen, komme eventuell in ihnen um. Erinnern wir uns aber noch einmal an die Begründung, mit der jener Autor im Jahr 1796 das Verbot der Zensur verlangt und die Freiheit der Meinungsäußerung gefordert hatte: »Trägheit des Verstandes und Stumpfsinn würde überhand nehmen, wenn die Menschen nicht oft durch fremde und sonderbare Meinungen angefeuert und herausgefordert würden.« Die Filterblase verhindert just diese Konfrontation des Einzelnen mit fremden Meinungen – von einem freien Fluss der Informationen kann also keine Rede sein. Und das widerspricht zumindest dem Grundgedanken der Meinungsfreiheit.

Im Netz wird jedoch nicht nur die Kenntnisnahme fremder und für manche befremdlicher Meinungen blockiert. Vielmehr werden diejenigen, die sie äußern, mit allen Mitteln bekämpft, gnadenlos und unversöhnlich, bis sie ein panisches Gefühl beschleicht, das ihnen schließlich den Mund versiegelt und jede weitere Meinungsäußerung verbietet. Heinrich Heine, von der preußischen Zensur ins Pariser Exil vertrieben, nannte es »die Angst vor dem eigenen Wort«. Wo sie sich breitmacht, dort triumphiert die Zensur und hat die Meinungsfreiheit ausgespielt.

Heine konnte ein Lied davon singen, und er hat es in den ersten zehn Pariser Jahren in seinen Briefen an seinen Verleger Julius Campe getrommelt und gepfiffen, aber »er konnte schreien, so laut er wollte, die deutschen Nachtwächter löschten an der Grenze seine Schreie aus«.[62] Sie verboten seine Bücher, selbst wenn diese noch gar nicht geschrieben waren. Wenn sie nicht verboten wurden, dann wurden sie verstümmelt, ihr Sinn verkürzt oder verdreht. Etwa so: Heine schrieb in der Vorrede zu den *Französischen Zuständen* im Jahr 1833 – dem Wiegenlied des politischen Journalismus in Deutschland – über Friedrich Ludwig von Raumer, einen Schriftsteller-Kollegen, er sei »von allen schlechten Schriftstellern noch der beste«. Der Zensor kassierte das Wörtchen »schlechten«, also nur zwei Silben, stellte damit aber den Satz von den Füßen auf den Kopf. Der Zensor strich, schrieb um und fälschte, bis Heine klagte, er selbst erscheine »als ein trübseliger Schmeichler des Königs von Preußen«, denn die Striche des Zensors hätten den Text nicht nur gekürzt, sondern »auch mitunter ins Servile gekürzt«. Nicht einmal das aber sollte sein Buch vor dem Verbot bewahren. Trotz der verstümmelten Vorrede verbot die preußische Regierung die *Französischen Zustände*, das Oberzensurkollegium befand, dass Heines Buch »zu den verwerflichsten gehöre, welche wir jemals zu prüfen veranlasst worden sind«.[63] In seiner Antwort blieb Heine den preußischen Zensoren nichts schuldig: »Nie ist ein Volk von seinen Machthabern grausamer verhöhnt worden. [...] Diese unverdiente Beleidigung, daß ihr uns noch für dümmer haltet, als ihr selber seid, und euch einbildet, uns täuschen zu können, das ist die schlimmere Beleidigung, die ihr uns zugefügt in Gegenwart der umstehenden Völker.«[64]

Aber die Zensur zeigte Wirkung, Heine war »betäubt vor Kummer«, genervt, zermürbt, schließlich so müde, dass er erwog, sich aus der Politik zurückzuziehen und mit dem Schreiben Schluss zu machen: »Ist es mir nicht möglich, unverstümmelt gedruckt zu werden, so will ich lieber die ganze deutsche Schriftstellerei aufgeben.«[65] Das Fürchterlichste war allerdings, dass der Zensor mit der Zeit in seinen Kopf eindrang, sein Denken belauerte, seine Gedanken diktierte und ihn zum Selbstzensor machte. Wäre Heine ein Held gewesen, dann wäre er nicht in Versuchung geraten, aber Heine war kein Held, bereitwillig erlag er der Versuchung zur Selbstzensur, um der Zensur zu entgehen. Immer wieder beteuerte er, dass er »die Selbstzensur sehr gewissenhaft übte«, gestand sogar die Angst, »des Guten zu viel getan zu haben«.

Gegen die Zensur kämpfte Heine vergeblich – seine Bücher blieben in Deutschland verboten –, aber den Kampf gegen die Selbstzensur hat er am Ende gewonnen: »Nie werde ich mich der preußischen Zensur unterwerfen, um ein Buch erscheinen lassen zu dürfen; dieses ist indirekter Verkauf, diese filzige Regierung will mich für mein eigenes wohlerworbenes Geld, für das Honorar meines Verlegers, kaufen. Hier ist ein Ehrenpunkt. Können Sie also das Buch nicht ohne Zensur drucken, so möge es ungedruckt bleiben.«[66]

8

Es ist nicht bekannt, wie viele Internetnutzer der »Angst vor dem eigenen Wort« in den vergangenen Jahren zum Opfer gefallen sind. Das liegt in der Natur der Sache: Wer der Angst erliegt, der lässt nichts mehr von sich hören, denn er bringt kein Wort mehr heraus. Und wer einmal einen veritablen Shitstorm – ein giftiges Miasma aus verbalem Kot und intellektueller Scheiße, ein für jeden, der Verstand und Sinne beisammenhat, tödlicher Cocktail aus Invektiven, Diffamierung und Drohungen bis hin zur Ankündigung von Mord, Totschlag und Vergewaltigung – an der eigenen Person erlebt oder bei einem anderen beobachtet hat, der wird sich vielleicht selbst stumm ein Schweigegelübde sprechen, das ihn, so hofft er, in Zukunft vor der Wut des Pöbels bewahrt.

Aus der Frühzeit der US-amerikanischen Presse des 19. Jahrhunderts ist das Flehen des Opfers einer Horde Boulevardjournalisten überliefert: »Nehmt meinen guten Ruf, aber lasst mir mein Leben!«[67] Darin zeigte sich das Vertrauen des Opfers, dass selbst der rücksichtsloseste Journalist eventuell sein Recht auf Leben anerkennen werde. In aller Regel wurde die Bitte erhört, die Journalisten begnügten sich mit der Ermordung des Leumunds, und sei es auch nur aus dem professionellen Kalkül, dass sich ein Ruf – in gewissen Abständen – mehrmals, das Leben seines Trägers hingegen nur einmal vernichten lässt. Mit den – heute durch strafrechtliche Sanktionen mühsam zivilisierten – Boulevardjournalisten sind auch derartige professionelle Erwägungen im World Wide Web verschwunden. An die Stelle der Journaille auf der Straße ist der anonyme Mob im Netz getreten, der sich nicht um Ehrenschutz und Lebensrecht des Nebenmenschen schert.

Der vor einigen Jahren weltweit beachtete Fall der kanadisch-amerikanischen Videobloggerin Anita Sarkeesian verdient schon deshalb Aufmerksamkeit, weil diese den Psychoterror des Mobs nicht nur überlebt hat, sondern weil sie nicht einmal aus »Angst vor dem eigenen Wort« die Sprache verloren hat. Die Feministin hatte im Jahr 2012 per Crowdfunding eine Kampagne für ihr Projekt gestartet, eine kostenlos angebotene fünfteilige Videoserie (*Tropes vs. Women)* zu produzieren, die sich mit frauenbezogenen Stereotypen in Videospielen befassen sollte. Die Ankündigung hatte genügt, um unter männlichen Videospiel-Fans einen Furor zu entfesseln, der sich unter anderem in einem Shit-Tornado mit sexistischen und rassistischen Beleidigungen, Gewalt- und Vergewaltigungsdrohungen Bahn brach. Eine Auslese:

> *Ich komme zu deinem Haus und werde dich brutal vor deiner Familie vergewaltigen.*
>
> *Hey verdammte Schlampe. Wenn die jemals nach Europa kommst, vergewaltige ich dich bis zur Besinnungslosigkeit.*
>
> *Ich hoffe, du wirst von vier Männern mit 23 cm langen Penissen vergewaltigt.*[68]

Ein User hatte auf einer Website ein interaktives Flashgame veröffentlicht, in dem per Mausklick ein Foto Sarkeesians mit immer brutaleren Misshandlungsspuren versehen werden konnte.

Noch zwei Jahre nach Beginn ihres Projekts musste Sarkeesian einen Vortrag an der Utah State University absagen, nachdem ein anonymer User einen Amoklauf angekündigt hatte. Die »Angst vor dem eigenen Wort« hat die Videobloggerin dennoch nicht überwältigt – äußerlich unbeeindruckt hat sie ihr Projekt fortgesetzt. Sie dürfte eine Ausnahme sein. Die österreichische Publizistin Ingrid Brodnig verweist in ihrem Buch *Hass im Netz* auf eine Auswertung von fast 900 000 Leserkommentaren der *New York Times*, die in der Zeit zwischen Juni 2013 und Januar 2014 auf deren Website veröffentlicht worden waren: Unter jenen Nutzern, deren Geschlecht sich eindeutig erkennen ließ, waren nur 27,7 Prozent Frauen, von denen wiederum nur 24,8 Prozent der Kommentare stammten. Zum Vergleich: 44 Prozent der Leserschaft der Printausgabe der *NYT* sind weiblich.

»Warum«, fragt Ingrid Brodnig, »ist es dermaßen bedenklich, wenn Frauen weniger an der politischen Debatte im Internet teilhaben?« Ihre Antwort: »Ganz einfach: Weil damit eine wichtige Perspektive ausgeblendet wird.« Das ist richtig, bezeichnet aber noch nicht das ganze Problem: Wenn Einzelne aus der begründeten Sorge, für Wortmeldungen mit dem Verschwinden in der laut Timothy Garton Ash »größten Kloake der Menschheitsgeschichte«[69] bestraft zu werden, sich selbst zum Schweigen bringen, kann von Meinungsfreiheit keine Rede mehr sein. Öffentlichen Äußerungen darf mit scharfem Widerspruch, mit polemischer Zurückweisung, sogar mit demagogischer Schärfe begegnet werden. Besteht der Preis für die Wortmeldung aber in der Vernichtung der sozialen Existenz, ist es mit der freien Rede vorbei.

Unsichtbarkeit ist sowohl in der analogen als auch in der digitalen Welt eine Überlebensstrategie der Diskriminierten. Aus demselben Grund, weshalb Homosexuelle jahrhundertelang das

Licht der Öffentlichkeit scheuten, verbergen heute Frauen im Netz ihr Geschlecht, Schwarze ihre Ethnie, Muslime, Juden oder Christen ihre Religion. Das ist nicht Freiheit, sondern Zwang, die einzige Chance, dem Rufmord des Pöbels zu entgehen. Es ist also das Gegenteil dessen, was der US-Sozialwissenschaftler und Erfinder des Begriffs »virtual community«, Howard Rheingold, vor mehr als einem Vierteljahrhundert als entscheidenden Vorteil des World Wide Web beschrieben hat: »Da wir einander nicht sehen können, können wir auch keine Vorurteile über andere bilden, bevor wir gelesen haben, was sie mitteilen wollen: Ethnische Zugehörigkeit, Geschlecht, Alter, nationale Abstammung und die äußere Erscheinung werden nur bekannt, wenn jemand diese Merkmale angeben will.«[70] Das war schon in der Frühzeit des Internets bemerkenswert naiv gedacht. Unsichtbarkeit schützt bestenfalls vor Diskriminierung als Person, doch Schutz vor Diskriminierung als Gruppe – Frauen, Schwarze, Gläubige, Ungläubige etc. – hat sie natürlich nicht zu bieten. Ungewollt hat Rheingold aber damals präzise beschrieben, was das Internet für die Diskussionskultur bedeutet: Nur wer seine ethnische Zugehörigkeit, sein Geschlecht, sein Alter, seine nationale Abstammung und seine äußere Erscheinung verbirgt, also sich selbst zur Unsichtbarkeit verurteilt, hat eventuell Aussichten, den »Diskurs« als Person zu überleben.

Andererseits schützt die Unsichtbarkeit nicht nur – im Einzelfall – die potenziellen Opfer, sie steigert vor allem auch die Bereitschaft der Nutzer, zu Tätern zu werden. Die Gründe liegen auf der Hand: Anonymität erschwert es, den Rufmörder, Beleidiger oder Volksverhetzer zu identifizieren. Die Unsichtbarkeit des Täters erleichtert die Beschimpfung des Opfers. Nun ist es aber, wie vor allem Europäer seit einigen Jahren beteuern, »eine Grundbedingung des menschlichen Zusammenlebens«, sein Gesicht zu zeigen. Die Unsichtbarkeit, heißt es, errichte eine Barriere zwischen dem, der unsichtbar sei, und seiner Umwelt. Das aber gefährde das Zusammenleben, weshalb es legitim und verhältnismäßig sei, wenn der Staat die Unsichtbarkeit verbiete. Mit dieser Begründung hat vor einigen Jahren der Europäische Gerichtshof für Menschenrechte das in Frankreich geltende Verbot der Vollverschleierung bestätigt.

Der Unterschied zwischen einem unsichtbaren Internetnutzer und einer Burka-Trägerin ist allerdings evident: Die Existenz der Burka-Trägerin ist durch ihre körperliche Präsenz beglaubigt, und der Sehschlitz ihres Schleiers erlaubt immerhin den Augenkontakt. Beim unsichtbaren Absender einer strafbaren Morddrohung im Internet aber ist nicht einmal sicher, dass er als Person existiert, eine Face-to-Face-Kommunikation ist Online ohnehin nicht vorgesehen. Die Behauptung, das Tragen einer Burka senke die Hemmschwelle für Kriminalität, war noch nicht zu hören. Dass die Unsichtbarkeit im Internet in vielen Fällen sämtliche Hemmungen, die Kloake zu befüllen, beseitigt, ist hingegen wissenschaftlich längst bestätigt. Der US-amerikanische Psychologe John Suler hat dem Empathie-Schwund im Internet schon im Jahr 2004 mit dem Begriff »Online Disinhibition Effect« (Online-Enthemmungs-Effekt) einen Namen gegeben. Auf die Begründung der Gerichte, warum die Unsichtbarkeit digital erlaubt, analog aber verboten ist, dürfen wir gespannt sein.

Die Folgen der digitalen Vollverschleierung für die Meinungsfreiheit sind jedenfalls gravierend. Wenn der Gebrauch der Freiheit nur mehr von der psychischen Robustheit des Einzelnen abhängt, von seiner Bereitschaft, für eine Äußerung mit dem Bad in der Kloake zu bezahlen, dann wird die grundgesetzlich garantierte Meinungsfreiheit zur Farce. Es sind auch diese Folgen, die vormalige Gurus des Internets, die noch vor wenigen Jahren den

Cyberspace zur »neuen Heimat des Geistes« ausriefen, heute von »Hölle« sprechen lassen, wo sie früher das »Paradies« zu erkennen glaubten. Der deutsche Blogger Schlecky Silberstein fordert inzwischen »Das Internet muss weg«, Jaron Lanier, US-amerikanischer Vordenker des Internets, warnt vor der Herrschaft des Pöbels im Netz und nennt sein neuestes Buch bezeichnenderweise *Zehn Gründe, warum du deine Social Media Accounts sofort löschen musst*.

Natürlich ist den Kritikern klar, dass die Forderung nach der Abschaffung des Internets so realistisch ist wie ein Aufruf, das digitale Zeitalter zu beenden. Aber ebenso klar ist, dass nicht nur die Zensur in autoritär regierten Staaten und auch nicht nur die Zensur der Internetkonzerne die digitale Meinungsfreiheit bedroht. Die Hassprediger, die Religionskrieger, der linke und seit Jahren vor allem der rechte Mob bedrohen sie nicht weniger durch die Metamorphose des Internets zur Jauchegrube mit dem Ziel, den anderen durch Drohung, Einschüchterung, Rufmord und schwerste Beleidigung zum Schweigen zu bringen. Diese Vorgehensweise bezeichnet der Internetjargon als »Silencing«, zu Deutsch: erzwungene Stille. Diese Stille tritt ein, wenn die »Angst vor dem eigenen Wort« regiert. Wo sie die Oberhand gewinnt, ist die Redefreiheit so gut wie verloren. Wie ihre Herrschaft verhindert werden kann? Niemand weiß es.

Vor einigen Jahren hat der britische Historiker Timothy Garton Ash zehn Regeln für die Redefreiheit im Internet empfohlen. Sein Buch *Redefreiheit. Prinzipien für eine vernetzte Welt*, das Ergebnis eines langjährigen internationalen Projekts mit Experten, Expertinnen und Studierenden, ist ein Bekenntnis zur größtmöglichen Redefreiheit des Einzelnen in der Weltgesellschaft der Vernetzten, ein Plädoyer, mit politischen, religiösen und kulturellen Unterschieden zu leben, sofern wir uns nicht einander friedlich bekehren. Bemerkenswert ist vor allem Regel Nummer 5: »Wir sprechen offen mit robuster Zivilität über alle Arten von Unterschieden zwischen Menschen.«[71] Das betrifft – neben den Hasspredigern als Täter – auch die Beleidigten als vermeintliche Opfer, die ihre Empfindlichkeiten zum Maßstab für die Grenzen der Meinungsfreiheit erklären. »Robuste Zivilität« bedeutet, selbst inakzeptable, verstörende Ansichten auszuhalten, nicht widerspruchslos selbstverständlich, aber ohne Gewalt. »Wir haben eine Pflicht, nicht zu schnell beleidigt zu sein.«[72] Das können sich ebenso Muslime hinter die Ohren schreiben, ehe sie zu gewalttätigen Protesten gegen Mohamed-Karikaturen aufrufen, wie »dünnhäutige Identitätsaktivisten«, die jede Bagatelle zum Anschlag auf ihr Selbst-Bewusstsein und ein falsches Wort als Beweis für ihre Diskriminierung erklären. Das alles, schreibt Ash, sei bis an die Grenze des Strafbaren – Gewalt, gefährliche Rede, verbotene Einschüchterung – auszuhalten. Die in zahlreichen Ländern verabschiedeten Hate-Speech-Gesetze hätten die Flut der im Netz verbreiteten Hassreden nicht verringert, sondern die Menschen »eher dazu ermutigt, sich beleidigt zu fühlen, als mit Hassrede zu leben, sie zu ignorieren oder ihr zu widersprechen«. Seit sich die Hate-Speech-Gesetze an Gruppenmerkmalen orientierten, fühlten sich auch immer mehr Gruppen oder ihre selbsternannten Anführer dazu ermuntert, mit der allgemeinen Begründung: »Wenn ihr die schützt, warum dann nicht auch uns?«[73], um den Schutz des Staates zu konkurrieren.

Ashs Plädoyer für eine robuste Zivilität ist vernünftig, und auch seinem Einwand gegen Hate-Speech-Gesetze lässt sich kaum widersprechen. Allerdings werfen seine Vorschläge einige keineswegs nebensächliche Fragen auf: Was wird aus der guten alten Beleidigung, wenn die digitale Redefreiheit erst bei Gewalt, verbotener Einschüchterung und gefährlicher Rede endet? Warum

»Idiot«, »Bulle« und »Schlampe« – tradierte Beleidigungen, die in der analogen Welt seit eh und je mit Strafbefehlen oder Verurteilungen zu Geldstrafen belangt werden – straflos sein sollen, wenn sie nicht auf der Straße, in der Familie oder im Büro gebrüllt, sondern geräuschlos auf Facebook verbreitet werden, lässt sich kaum begründen. Eine gespaltene Rechtsordnung – in der die Strafbarkeit sich nicht mehr aus der Tat, sondern aus dem (Kommunikations-)Mittel ergibt, dessen sich der Täter bedient – dürfte sich der Gesellschaft nur schwer erklären lassen.

Auch wären die Folgen für die Alltagssprache, deren »Verrohung« allseits schon heute beklagt wird, voraussichtlich gravierend: Eine Beleidigung, die selbst aus Sicht des Gesetzgebers nicht unbedingt strafbar ist, wird alsbald generell nicht mehr als Beleidigung empfunden. Zur Illustration genügt ein Blick in ein Urteil des Reichsgerichts von 1929, das in der Endphase der Weimarer Republik pausenlos mit Verleumdungsklagen gegen die nationalsozialistische Presse beschäftigt war. Diese fuhr damals täglich Kampagnen gegen Juristen als »jüdisch versippte Richter«, gegen Polizisten als »Judenknechte«, gegen Schriftsteller als »kleine galizische Krüppel« und gegen preußische Politiker als »Regierungs-Juden« oder als Handlanger eines »jüdischen Sauregiments«. Schon seinerzeit fiel auf, dass sich die Gerichte bei der Entscheidung, was als Herabwürdigung der Republik zu verurteilen sei, an den zunehmend verrohenden Sprachgewohnheiten der republikfeindlichen Demagogie orientierten. Das gilt auch für die Entscheidung des Reichsgerichts von 1929, das das Urteil eines Landgerichts, das in der Bezeichnung »schwarz-rot-hühnergelb« eine Beschimpfung der republikanischen Reichsfarben gesehen hatte, mit der Begründung aufhob: »Bei der Beurteilung der Frage kann nicht unbeachtet bleiben, daß sich in einem Kreise eine Bezeichnung oder Ausdrucksweise derart einbürgern kann, daß einer sie dem anderen gedankenlos nachspricht und sich so eine Gewohnheitsmäßigkeit herausbildet. In solchen Fällen besteht möglicherweise nichts weiter als eine törichte oder geschmacklose Unart. Gegenüber der Erfahrungstatsache, daß sich solche Gebräuche bilden können, bedarf es also im einzelnen Falle eines sicheren Anhaltes und Nachweises dafür, daß gerade hier der Sprechende sich jener Bezeichnung bewußt war, die der Äußerung erst ihre beschimpfende Natur gibt.«[74] Mit anderen Worten: Wenn einer den anderen als »Idioten«, »Bullen« oder »Schlampe« beschimpft, dann ist das eine Beleidigung, reden alle so, dann verblasst die »beschimpfende Natur« der Schmähung, und aus der strafbaren Beleidigung wird »törichte« Alltagssprache.

Apropos Schlampe. Mit dem Schimpfwort pflegen männliche User gerne Frauen zu bezeichnen, denen sie aus verschiedenen Gründen nicht gewogen sind. Zwar hat sich die Bezeichnung in diesen Kreisen schon seit langem »eingebürgert«, aber immer wieder finden sich bis heute deutsche Gerichte, die die Einbürgerung nicht akzeptieren und Geldstrafen in Höhe von ein paar Hundert Euro für die Schmähung verhängen. Zwar liegen Zahlen für die deutschsprachige Welt des Internets nicht vor, aber es darf vermutet werden, dass die deutsche »Schlampe« und der weibliche »Trampel« sich ähnlicher Beliebtheit erfreuen wie ihre angelsächsischen Kolleginnen »slut« und »whore«. Ein britischer Think Tank hat ermittelt, dass zwischen dem 9. Januar und dem 4. Februar 2014 die beiden Schmähungen allein auf Twitter mehr als sechs Millionen Mal zum Einsatz kamen. Ein Fünftel davon waren Drohungen.[75] 1,2 Millionen Fälle wären also nach Ashs Maßstäben unzulässig, alle sechs Millionen nach deutschem Strafrecht mindestens als Beleidigung strafbar. Im einen wie im anderen Fall stellt sich die Frage: Wie lässt sich das Recht auf Schutz der persönlichen Ehre ein wenig verbessern, wie zumindest die Überfüllung der »größten Kloake der Menschheitsgeschichte« verhindern? Mit anderen Worten: Wie kann der Einzelne im World Wide Web zu Wort kommen, ohne befürchten zu müssen, durch Hetze, Pöbelei und Rufmord zum Schweigen gebracht zu werden?

In der deutschen Politik hat sich in den vergangenen Jahren herumgesprochen, dass das Grundrecht der Meinungsfreiheit akut gefährdet ist, wenn derjenige, der es in Anspruch nimmt, mit verbaler Exekution und der Liquidierung seines Leumunds zu rechnen hat. Wenn die Teilnahme an der öffentlichen Debatte als Eintrittsgebühr die Preisgabe selbst des geringsten Achtungsanspruchs verlangt, ist die Debatte weder öffentlich – denn der Kreis der Teilnehmer ist auf zu allem entschlossene Täter und auf schmerzfreie Opfer beschränkt –, noch handelt es sich überhaupt um eine Debatte, denn die verlangt ein Minimum an Rationalität und Achtung des anderen. Der Gesetzgeber wollte also nicht nur das Persönlichkeitsrecht des Einzelnen, sondern das Grundrecht der Meinungsfreiheit schützen, als er das Netzwerkdurchsetzungsgesetz (NetzDG) kreierte. Es ist am 1. Januar 2018 in Kraft getreten und verpflichtet die Anbieter sogenannter sozialer Netzwerke – wie Facebook, Twitter oder YouTube –, »offensichtlich rechtswidrige Inhalte« innerhalb von 24 Stunden nach Eingang einer Beschwerde zu entfernen oder zu sperren. Nicht offensichtlich rechtswidrige Inhalte sind innerhalb von sieben Tagen zu sperren. Kommen die Betreiber diesen Vorgaben nicht nach, drohen ihnen hohe Bußgelder.

Das Beste an dem Gesetz ist die Absicht, die es verfolgt: Durch das Löschen krimineller Schmähungen soll das Auslöschen der Opfer als Person verhindert werden. Im Übrigen liegen die Schwächen des Gesetzes auf der Hand: Es sind die Probleme, die das Gesetz mit seinen vermeintlichen Lösungen verursacht. Bisher haben in Deutschland Gerichte darüber entschieden, was zulässiges Schimpfen und was eine strafbare Beleidigung ist, wo also die Grenze der Meinungsfreiheit verläuft. Diese Entscheidung ist hoheitlich und lässt sich nicht – wie es im Netzwerkdurchsetzungsgesetz geschieht – auf Privatunternehmen übertragen. Dass die Justiz damit überfordert ist, die Kloake zu reinigen oder auch nur den widerlichsten Schmutz zu beseitigen, ist offenkundig. Ebenso unübersehbar ist die fehlende Bereitschaft des Staates, darauf mit adäquaten Mitteln zu reagieren und die Strafjustiz vor allem personell besser auszustatten.

Sie erinnern sich, aufmerksame Leserin, interessierter Leser, des Schicksals der Wiener Autorin Stefanie Sprengnagel (Sargnagel), deren Beiträge eines Tages gelöscht wurden und die dann auch noch selbst von Facebook gesperrt worden war. Die angemaßte faktische Zensurmacht des sozialen Netzwerks – die auch ungezählte andere User zu spüren bekommen haben – war schon bisher ein gravierendes Problem der Meinungsfreiheit im World Wide Web, aber der deutsche Gesetzgeber hat es mit dem Netzwerkdurchsetzungsgesetz noch vergrößert. Denn das vermeintlich eigene Recht von Facebook & Co., Beiträge zu löschen, hat er jetzt zur Pflicht erhoben. Damit hat er die Zensurmacht der Konzerne verstärkt, aber an der Willkür der Entscheidungen hat sich nichts geändert.

Von Anfang an haben Kritiker des Gesetzes auf die Gefahr verwiesen, nunmehr werde von Twitter, YouTube und Facebook auf Teufel komm raus gelöscht. Der große Zeitdruck und die Androhung hoher Bußgelder würden die Anbieter dazu verleiten, eher zu viel als zu wenig zu löschen (*overblocking*). Immerhin diese Befürchtung hat sich als Irrtum herausgestellt. Als nach dem ersten Halbjahr 2018 die ersten Zahlen bekannt wurden, zeigte sich, dass sowohl die Zahl der Beschwerden über rechtswidrige Beiträge als auch die Zahl der stattgegebenen Beschwerden wesentlich geringer waren als erwartet. Wer die von Facebook vorgelegten Zahlen sieht, wird die »Kloake« sogar zur Legende erklären und allenfalls von »Schlammspritzern« sprechen.

Der Konzern verweist seine User auf zwei Wege, auf denen sie sich über einschlägige Inhalte beschweren können. Wer einen Verstoß gegen das NetzDG melden will, muss das an anderer Stelle tun als derjenige, der sich über die Verletzung der Gemeinschaftsstandards von Facebook beklagt. Die NetzDG-Meldefunktion ist allerdings bedauerlicherweise nur sehr schwer zu finden. Jedenfalls haben die 65 von Facebook eingesetzten Prüfer im ersten Halbjahr 2018 nur 1704 gemeldete Inhalte auf Verstöße gegen das NetzDG untersucht, und nur 362-mal sahen sie sich zum Löschen oder Sperren veranlasst. Sind die User von Facebook zivilisierter oder nur härter im Nehmen als die Kundschaft von YouTube und Twitter? YouTube hatte im selben Zeitraum immerhin 215 000 Beschwerden registriert und in 58 000 Fällen stattgegeben, Twitter meldete 264 000 Beschwerden, von denen allerdings nur 29 000 zu Maßnahmen führten.[76]

Die wenigen Beschwerden von Facebook-Usern über »rechtswidrige« Beiträge besagen selbstverständlich nichts über die Zahl einschlägiger Beiträge, aber alles über die Wirksamkeit des NetzDG (von der offenkundig kaum zu findenden »Meldefunktion« ganz zu schweigen). Die ist offenbar nur sehr gering. Und unbestreitbar ist auch die den Konzernen vom Gesetzgeber eingeräumte Macht, als informeller Zensor jederzeit aus politischen, religiösen, moralischen, wirtschaftlichen oder ästhetischen Gründen unkontrolliert in den Prozess der Meinungsbildung einzugreifen. Doch gäbe es für dieses Problem durchaus eine Lösung. Die Selbstjustiz der Konzerne müsste nur beendet werden, und stattdessen wäre der Justiz die Entscheidung über die Rechtmäßigkeit und Rechtswidrigkeit von Beiträgen – also über die Grenzen der Meinungsfreiheit – zu überlassen.

Besser als das Netzwerkdurchsetzungsgesetz funktionierte von Anfang an die Kritik an dem Gesetz. Es protestierten die Medien, es protestierten einige Parteien, es protestierten Experten, es protestierten die Berufsverbände. Der Deutsche Journalistenverband etwa äußerte sich in einer Pressemitteilung vom 8. Januar 2018 so: »Das NetzDG schiebt die Macht über das Grundrecht der Presse- und Meinungsfreiheit an Privatunternehmen wie Twitter und Facebook ab.« Und alle Kritiker sollten scheinbar schon wenige Tage nach Inkrafttreten des Gesetzes recht bekommen. Der Kurznachrichtendienst Twitter blockte den Account der Satire-Zeitschrift *Titanic* und löschte einen Tweet. Das Magazin hatte darin den Begriff »Barbarenhorden« verwendet und damit einen Tweet der rechtsradikalen AfD-Bundestagsabgeordneten Beatrix von Storch parodiert. Die Politikerin hatte – in Anspielung an die Kölner Übergriffe zu Silvester 2015/16 – von »barbarischen, muslimischen, gruppenvergewaltigenden Männerhorden« geschrieben. Anlass war ein vielsprachiger, unter anderem in Arabisch gehaltener Neujahrsgruß der Kölner Polizei, den Storch – ebenso böswillig wie begriffsstutzig – als Kotau vor dem kriminellen arabischen Mob betrachtete. Daraufhin hatte Twitter ihren Account für zwölf Stunden gesperrt.

Was unterscheidet aber nun die beiden genannten Fälle? Das Blocken des Accounts der Satire-Zeitschrift zeigt die Unfähigkeit der Social-Media-Zensoren, eine Satire als solche zu erkennen, und folglich die Notwendigkeit, die Justiz mit der Prüfung der Rechtmäßigkeit zu beauftragen (die hier selbstverständlich keine Zweifel an der Zulässigkeit der Satire gehabt hätte). Die Sperre der AfD-Politikerin aber machte deutlich, warum ein Netzwerkdurchsetzungsgesetz im Prinzip notwendig ist: Ihr Tweet war eine der rassistischen Pöbeleien, die das Internet zur Kloake machen und gegen die sich das NetzDG in besonderer Weise richtet (ob sie gerade noch von der Meinungsfreiheit gedeckt oder als Volksverhetzung strafbar war, sollte natürlich ebenfalls die Justiz entscheiden).

Die Warnung Storchs vor der »Barbarei« fällt letztlich auf sie selbst zurück. Das *Grimmsche Wörterbuch* definiert »Barbarei« zum einen als »landstrich in Nordafrica, wo die Berbern, oder jedes land, wo barbaren wohnen«, und zum anderen als »inhumanitas, crudelitas«.[77] Dem rechten Mob, der seit längerer Zeit jedermann zum Schweigen bringen will, der in sozialen Medien für den Gedanken wirbt, auch Araber hätten ein Lebensrecht, Menschenwürde und den Anspruch, eine Fahrt mit der Tram durch eine deutsche Stadt unversehrt zu überstehen, steht bei seinen Pöbeleien auf Facebook, Twitter oder YouTube der Barbar als Nordafrikaner vor Augen. Jeder andere aber wird bei »Barbarei« an die Unmenschlichkeit (*inhumanitas*) und Grausamkeit (*crudelitas*) dieser intellektuellen und moralischen Stummelexistenzen denken, die im Namen einer deutschen Kultur oder einer deutschen Identität im Internet nur Hass, Verleumdung, Hetze und Rufmord als Lingua franca akzeptieren. Sie verfolgen selbstverständlich nicht das Ziel, einen Diskurs, eine Debatte oder ein Gespräch für sich zu entscheiden, vielmehr geht es ihnen ausschließlich darum, jeden Diskurs, jede Debatte, jedes Gespräch zu zerstören. Ebendas unterscheidet das »silencing« von der Zensur: Diese kontrolliert und unterdrückt bestimmte Gedanken, jenes verbietet und bestraft das Denken. Zensur beschränkt die Freiheit der Rede, das »silencing« ersetzt sie durch den Zwang zu schweigen. An die Stelle des Zensors, der seit Jahrtausenden – im alten Rom und im heutigen China – die Stimme der Opposition zu unterdrücken versucht, ist der Mob getreten, der keine Stimme außer seinem eigenen Gebrüll erträgt.

Es versteht sich, dass die intellektuelle Avantgarde des Mobs allein schon die Absicht des Gesetzgebers, das erzwungene Schweigen zu brechen und die freie Rede im Netz zu garantieren, als rotes Tuch betrachtet und als »Zensur« bekämpft. Ihre Vertreter können sich auf die Erfahrungen prominenter Vorgänger berufen. Am 23. Februar 1932 klagte der Gauleiter von Berlin, Joseph Goebbels, im Plenum des Reichstags über die Zensur der Republik, der das von ihm gegründete Berliner NSDAP-Kampfblatt *Der Angriff* allein in einem Jahr zwölfmal zum Opfer gefallen sei. Goebbels selbst wurde – als verantwortlicher Redakteur – regelmäßig unter anderem wegen »Beschimpfung der republikanischen Staatsform«, wegen »Verleumdung von Regierungsmitgliedern« und »Aufreizung zum Klassenkampf« verurteilt. Schon im folgenden Jahr waren die Zensurgesetze der Weimarer Republik obsolet: Am 4. Oktober 1933 erging das Schriftleitergesetz, das alle im Pressebereich Tätigen, die nicht arischer Abstammung waren, von der publizistischen Tätigkeit ausschloss und die Journalisten zu »Dienern der Volksgemeinschaft« erklärte. Wer die Gleichschaltung der Presse bloß als Zensur empfand, hatte die Zeichen der Zeit nicht begriffen. Im NS-Staat wurden nicht nur Meinungen per Zensur unterdrückt – das ganze Volk wurde zum Schweigen gebracht.

9

Die Vernetzung der Welt schreitet voran. Noch nie in der Geschichte waren mehr Menschen miteinander verbunden, aber mit jedem Tag wächst auch die unsichtbare Mauer des Schweigens, hinter der sich verbirgt, wer der Kloake des Internets zu entkommen versucht. Das Dichterwort, dass »ein Gespräch wir sind und hören können voneinander« (Friedrich Hölderlin), könnte das Losungswort für einen Cyberspace sein, in dem sich Milliarden Menschen in tatsächlich *sozialen* Medien, in Chats, Blogs oder Internetforen in ein unendliches Gespräch verwandeln und in dem jeder frei und unbedrängt von sich hören lassen kann. So *könnte* es sein, würde nicht auf jede Wortmeldung die Warnung folgen, gefälligst den Mund zu halten – wenn einer Jude ist und als Jude spricht, wenn einer Homosexueller ist und sich als Homosexueller zu erkennen gibt, eine Frau, ein Geflüchteter, ein Liberaler ... Gegen die verbale Gewalt, die jedem von ihnen entgegenschlägt, ist kein Kraut gewachsen. Keinem Hate-Speech- und keinem Netzwerkdurchsetzungsgesetz, keinem Staatsanwalt und keinem noch so eloquenten Vertreter der Zivilgesellschaft wird es gelingen, die »riesigen Mengen von Scheiße, die nur darauf warten, aus dem Kästchen zu strömen«[78], zu beseitigen oder auch nur wesentlich zu verringern. Gegen die verbale Gewalt gibt es – zumindest in Demokratien – kein wirksames Mittel, das nicht sofort unter Zensurverdacht stünde. Aber es gibt einen Weg, dem Schweigen, das die Gewalt zu erzwingen versucht, zu entgehen. Die jüdische Bloggerin Juna Grossmann hat ihn beschritten.

Die erste Hass-Mail erreichte sie im August 2014. Juna Grossmann hatte sich auf ihrem Blog *irgendwiejuedisch.com* mit einer Anti-Israel-Demonstration in Berlin beschäftigt, auf der Teilnehmer laut und unwidersprochen gerufen hatten: »Juden ins Gas!« Diese Ansicht vertrat offenbar auch der Verfasser der Hass-Mail. Er schrieb: »Ihr Juden seit (sic) keine Menschen, sondern eine Krankheit, das (sic) man vermeiden muss...Eines Tages wird für euch Juden ein böses Erwachen geben, so dass ihr sogar Hitler um Hilfe bitten werdet.«[79]

Das war der Auftakt einer Welle von Hass und Tötungsfantasien, die über Juna Grossmann zusammenschlug: »Juden sind Scheisse.« – »Jeder der nicht Christ ist sollte sich löschen und erhängen.« – »Der Zug nach Auschwitz wartet.« – »Heil Hitler.« Die Schmähungen haben Juna Grossmann natürlich verletzt. Es sei, schreibt sie, wie mit Mückenstichen gewesen: Anfangs waren sie kaum spürbar, aber mit der Zeit begannen sie zu schmerzen, jeder einzelne Stich wurde zur Qual. An den Absendern erkannte sie, dass der Antisemitismus nicht nur unter Bildungsfernen und Zugewanderten zu Hause ist, sondern in allen Bildungsgraden, in allen Gesellschaftsschichten, in allen Altersstufen und in allen Einkommensklassen.

Vier Jahre später fragt sich Juna Grossmann, ob sie womöglich paranoid geworden ist und zu viele Alarmsignale sieht, denn es herrscht »Konsens in Deutschland«, dass doch alles nicht so schlimm sei. Dann aber hört sie von anderen Betroffenen, es sei in jüngster Zeit alles noch etwas aggressiver, noch etwas brutaler geworden. Juna Grossmanns Reaktion: Sie schreibt nun anders, nicht mehr frei von der Leber weg. Sie wägt jetzt ab, sie fragt sich, wie weit sie gehen und was sie überhaupt noch sagen kann. Doch ist ihr die Übervorsicht zuwider. Sie will, sagt sie, Dinge »nicht nicht sagen, um den berechenbaren Reaktionen aus dem Weg zu gehen«. Andere Blogger, die ihre Erfahrungen gemacht haben, schreiben inzwischen nicht mehr, melden sich nicht mehr zu Wort und haben sich in Schweigen gehüllt. Auch ihr wurde empfohlen, doch einfach aufzuhören, zu verstummen und so dem Hass im Netz zu entgehen. Sie selbst hat manchmal tatsächlich den Impuls, »das Einzige, was ich als mein Werkzeug einsetzen kann, die Sprache, einzustellen«. Aber dem Impuls ist sie nicht gefolgt, und die Empfehlungen hat sie zurückgewiesen: »Den Mund zu halten [...] hat noch niemandem geholfen.« Also schreibt sie weiter, Tag für Tag, inmitten der Kloake, der sie nicht entkommt, der niemand entkommt, der das Schweigen verweigert.

Ich gebe zu, enttäuschte Leserin, resignierter Leser, das ist keine verlockende Aussicht. Warum, wenden Sie womöglich ein, machen wir nicht einfach Schluss mit dem Internet, stellen die Laptops zur Seite und werfen die Smartphones weg? Hans Magnus Enzensberger hat diesen Vorschlag vor ein paar Jahren gemacht und dazu aufgerufen, so schnell wie möglich aus den sogenannten sozialen Netzwerken »die Flucht zu ergreifen«.[80] Die 2,2 Milliarden Mitglieder von Facebook sind diesem Aufruf bisher nicht gefolgt, auch die 330 Millionen Twitter-Nutzer haben ihn überhört, ganz zu schweigen von den Millionen, die Tag für Tag pro Minute mehr als 300 Stunden Videomaterial auf YouTube hochladen (Stand: Mai 2014). Auch sein Aufruf, statt E-Mails zu verschicken, wieder zu Postkarte und Bleistift zu greifen, hat den melancholischen Charme der Vergeblichkeit. Zumindest darin zeigt sich der Schriftsteller als Bruder Kaiser Wilhelms II. im Geiste: »Ich glaube an das Pferd. Das Automobil ist eine vorübergehende Erscheinung.«

Die Eroberung des Cyberspace hat erst begonnen und damit auch die Invasion der Zensur im Cyberspace. Weder der einen noch der anderen können wir entkommen. So wie der Buchdruck mehr war als eine Erfindung und mehr war als eine technische Revolution, sondern eine neue Epoche einläutete, so ist auch das Internet mehr als eine Innovation und vermutlich grundstürzender als alle technischen Revolutionen der Menschheitsgeschichte, sehr wahrscheinlich sogar einer ihrer entscheidenden Wendepunkte. Was aber geblieben ist, das ist die Zensur – die klassische staatliche Zensur im Internet in autoritär regierten Staaten und die informelle Zensur unter anderem durch die Algorithmen der Internetkonzerne. Hinzugetreten aber ist die Zensur des Mobs, der Extremisten, der Glaubenskrieger, der Trolle, der Fanatiker, die das World Wide Web in eine Hölle 2.0 verwandeln und jeden Versuch, ein Gespräch zu führen, mit verbaler Gewalt bestrafen. Wer sich dieser Gewalt und dem Zwang zum Schweigen widersetzen will, muss allerdings die »Angst vor dem eigenen Wort« überwinden, den Mund aufmachen und die Selbstbeschwörung murmeln: »Bleib erschütterbar und widersteh.« (Peter Rühmkorf) Das ist im Internet der Preis der Freiheit, die uns bleibt.

DANK

Für anregende Gespräche und wichtige Hinweise danke ich Arno Widmann, Eberhard Bommarius, Hartmut Bäumer, Dr. Bernd Brunn, Prof. Dieter Gosewinkel, Prof. em. Hans-Joachim Giegel, Peter Wivel, Dr. Marita Hecker.

ANMERKUNGEN

1 Aus John Denver, *One world*, 1986.

2 Zitiert nach Ash, *Redefreiheit*, S. 39.

3 Zitiert nach ebenda, S. 39.

4 Zitiert nach ebenda, S. 63.

5 Zitiert nach ebenda, S. 67.

6 Sergey Brin, zitiert nach: Jan Weissensee, »Google plant offenbar wieder zensierte Suchmaschine in China«, https://www.golem.de/news/leak-google-plant-offenbar-wieder-zensierte-suchmaschine-in-china-1808-135791-all.html.

7 Zitiert nach Weissensee, a.a.O.

8 Zitiert nach Fuld, *Buch der verbotenen Bücher*, S. 34.

9 Zitiert nach Julian Dörr, »Wie eine Firma die Daten von Millionen Facebook-Nutzern missbrauchte«, https://www.sueddeutsche.de/digital/cambridge-analytica-wie-eine-firma-die-daten-von-millionen-facebook-nutzern-missbrauchte-1.3910421.

10 Roland Tichy, »Heiko im Wirrwarr. Wie Justizminister Heiko Maas beginnt, eine Zensurkampagne aufzubauen«, *Tichys Einblick* vom 24.07.2016.

11 Vgl. Fuld, *Buch der verbotenen Bücher*, S. 61.

12 Vgl. »Die Kraft satanischer Dunkelheit«, *Spiegel Online* vom 31.12.2001, http://www.spiegel.de/panorama/amerikaner-verbrennen-potter-buecher-die-kraft-satanischer-dunkelheit-a-174901.html.

13 Fuld, *Buch der verbotenen Bücher*, S. 9 f.

14 Vgl. https://netzpolitik.org/2018/russland-blockiert-jeden-tag-244-webseiten/.

15 Brecht, *Ausgewählte Werke in sechs Bänden*, Dritter Band, Gedichte I., S. 299.

16 Zitiert nach Ralf Schröder, »Literaturgeschichtliche Anmerkungen«, in: Michail Bulgakow, *Das Leben des Herrn de Molière*, München 2005, S. 222 f.

17 Zitiert nach Fuld, *Buch der verbotenen Bücher*, S. 247.

18 Zitiert nach *Der Spiegel*, »Meister in Moskau«, 04.03.1968, http://www.spiegel.de/spiegel/print/d-46135825.html.

19 Wallace, *Das hier ist Wasser / This is Water*, S. 9.

20 Enzensberger, »Zensur und Selbstzensur«, S. 59.

21 Kraus, *Die Fackel*, Nr. 1, S. 5.

22 Siehe »Der Triumph der Bild-Zeitung oder Die Katastrophe der Pressefreiheit«, in: Hans Magnus Enzensberger, *Mittelmaß und Wahn. Gesammelte Zerstreuungen*, Frankfurt am Main 1988, S. 74–88.

23 Peter Fahrenholz, »Therapeut und Brandstifter«, https://www.sueddeutsche.de/muenchen/landkreismuenchen/sarrazin-wirbel-um-auftritt-in-muenchen-therapeut-und-brandstifter-1.1006734.

24 BVerfGE 7, 198 ff.

25 Andreas Eckert, »Anwender (m) gesucht«, *Frankfurter Allgemeine Zeitung* vom 24.10.2018, S. N 3.

26 Karina Urbach, »Niall Fergusons Kritiker waren eine Minderheit«, *Frankfurter Allgemeine Zeitung* vom 31.10.2018, S. 6.

27 Ebenda.

28 Vgl. Michael Lemling, in: »Aufklärung im O-Ton«, Tilman Spengler und Michael Lemling im Gespräch mit Anke Schaefer, *Deutschlandfunk Kultur* vom 06.11.2018, https://www.deutschlandfunkkultur.de/debatte-ueber-rechte-werke-in-der-buchhandlung-aufklaerung.2950.de.html?dram:article_id=432489.

29 Jan Drees, »Buchhandlungen sind politische Orte«, *Deutschlandfunk* vom 06.11.2018, https://www.deutschlandfunk.de/schriften-der-neuen-rechten-buchhandlungen-sind-politische.691.de.html?dram:article_id=432481.

30 Münch, *Meinungsfreiheit gegen Political Correctness*, S. 16.

31 https://www.anwalt.org/pressekodex.

32 Münch, *Meinungsfreiheit gegen Political Correctness*, S. 48.

33 Ebenda, S. 48.

34 Julian Kutzim, »Wie in ›The Fast & The Furious‹. Der tödliche PS-Protz: Junge Männer rasen durch Innenstädte«, https://www.focus.de/panorama/welt/wie-in-the-fast-the-furious-der-toedliche-ps-protz-junge-maenner-rasen-durch-innenstaedte_id_5548573.html.

35 Ebenda, S. 47.

36 *Die Zeit*, Nr. 24/2015, 11.06.2015.

37 Jan Heitmann, »Keine Zensur«, *Preußische Allgemeine Zeitung* vom 28.10.2016, zit. nach: Münch, *Meinungsfreiheit gegen Political Correctness*, S. 48.

38 Bittner, »Die Gut(en)menschen. Warum sie nerven«.

39 Münch, *Meinungsfreiheit gegen Political Correctness*, S. 60.

40 Ebenda, S. 60.

41 Zitiert nach »Ferrero will nur weiß wählen«, *taz* vom 30.08.2013, http://www.taz.de/!5060155/.

42 Enzensberger, »Zensur und Selbstzensur«, S. 63.

43 Christian Fuchs, »Wie der Begriff Döner-Morde entstand«, http://www.spiegel.de/panorama/gesellschaft/doener-mord-wie-das-unwort-des-jahres-entstand-a-841734.html.

44 Zitiert in »Spiegel-Affäre. Eine Frage der Haltung«, *Frankfurter Rundschau* vom 19.10.2012.

45 Kraus, *Die Fackel*, Bd. 9, Nr. 697–705, S. 167.

46 BVerfGE 20, 162 (174 f.)

47 Haffner, *Geschichte eines Deutschen*, S. 183.

48 Vgl. https://meedia.de/2017/01/03/gewaltgeile-maennerhorden-wdr-kommentar-zur-koelner-silvesternacht-sorgt-fuer-kontroversen/.

49 BVerfGE 20, 162 (174 f.).

50 *Brockhaus Enzyklopädie*, 19. Aufl., 1988.

51 Johannes Boie, »Wie Facebook Menschen zum Schweigen bringt«.

52 Gemeinschaftsstandards von Facebook.

53 *Beiträge zur Geschichte der französischen Revolution*, hg. von Peter Paul Usteri, Bd. 6, Leipzig 1796, S. 4–16, zit. nach: Nachwort von Claus Richter und Wolfgang Labuhn, in: H. H. Houben, *Der ewige Zensor*, Kronberg/Ts., 1978, S. 151.

54 Hoffmann-Riem, »Medienregulierung als objektiv-rechtlicher Grundrechtsauftrag«.

55 *Deutsches Wörterbuch* von Jacob Grimm und Wilhelm Grimm.

56 Silberstein, *Das Internet muss weg*, S. 14.

57 Lanier, *Zehn Gründe, warum du deine Social Media Accounts sofort löschen musst*, S. 13.

58 BVerfGE 65, 1.

59 Facebook Hilfeseite, https://www.facebook.com/help/1155510281178725.

60 Silberstein, *Das Internet muss weg*.

61 Ebenda, S. 143.

62 Marcuse, *Heinrich Heine*, S. 188.

63 Zitiert nach Houben, *Der ewige Zensor*, S. 64.

64 Zitiert nach Breuer, *Geschichte der literarischen Zensur in Deutschland*, S. 160.

65 Zitiert nach Marcuse, *Heinrich Heine*, S. 188.

66 Marcuse, *Heine*, S. 191.

67 Zitiert nach Dovifat, *Der amerikanische Journalismus*, S. 111.

68 Zitiert nach Brodnig, *Hass im Netz*, S. 87 f.

69 Ash, *Redefreiheit*, S. 349.

70 Zitiert nach Brodnig, *Hass im Netz*, S. 99.

71 Ash, *Redefreiheit*, S. 315.

72 Ebenda, S. 340.

73 Ebenda, S. 336.

74 »Schwarzrot-Hühnergelb. Der Schutz der Reichsfarben«, *Vossische Zeitung*, Nr. 118 vom 10. März 1929, zitiert nach: Petersen, *Zensur in der Weimarer Republik*.

75 Brodnig, *Hass im Netz*, S. 101.

76 Vgl. Patrick Beuth, »Viele beschweren sich über Hass, aber kaum etwas wird gesperrt«, http://www.spiegel.de/netzwelt/web/netzdg-so-oft-sperren-facebook-youtube-und-twitter-a-1220371.html.

77 *Deutsches Wörterbuch* von Jacob und Wilhelm Grimm, Band 1, Leipzig 1860.

78 Ash, *Redefreiheit*, S. 349.

79 Grossmann, *Schonzeit vorbei*, S. 57.

80 Hans Magnus Enzensberger, »Wehrt Euch!«, http://www.faz.net/aktuell/feuilleton/debatten/enzensbergers-regeln-fuer-die-digitale-welt-wehrt-euch-12826195.html.

LITERATUR

Timothy Garton Ash, *Redefreiheit. Prinzipien für eine vernetzte Welt*, München 2016

Gottfried Benn, *Sämtliche Gedichte in einem Band*, Stuttgart 1998

Jochen Bittner, »Die Gut(en)menschen. Warum sie nerven«, *Die Zeit* Nr. 21/2017 vom 18. Mai 2017

Johannes Boie, »Wie Facebook Menschen zum Schweigen bringt«, *sueddeutsche.de*, 22. August 2016, https://www.sueddeutsche.de/digital/zensur-in-sozialen-medien-wie-facebook-menschen-zum-schweigen-bringt-1.3130204

Bertolt Brecht, *Ausgewählte Werke in sechs Bänden*, Dritter Band, Gedichte I, Frankfurt am Main 1997

Dieter Breuer, *Geschichte der literarischen Zensur in Deutschland*, Heidelberg 1982

Brockhaus Enzyklopädie, 24 Bände, 19. Aufl., Mannheim 1988

Ingrid Brodnig, *Hass im Netz. Was wir gegen Hetze, Mobbing und Lügen tun können*, Wien 2016

Emil Dovifat, *Der amerikanische Journalismus. Mit einer Darstellung der journalistischen Berufsbildung*, Berlin 1990

Hans Magnus Enzensberger, »Zensur und Selbstzensur«, in: ders., *Almanach für's Jahr 1976/77, Neue Xenien*, Frankfurt am Main 1976

Leonhard Frank, *Links, wo das Herz ist*, München 1952

Werner Fuld, *Das Buch der verbotenen Bücher. Universalgeschichte des Verfolgten und Verfemten von der Antike bis heute*, Berlin 2012

Jacob und Wilhelm Grimm, *Deutsches Wörterbuch von Jacob und Wilhelm Grimm*, Leipzig 1860

Juna Grossmann, *Schonzeit vorbei. Über das Leben mit dem täglichen Antisemitismus*, München 2018

Sebastian Haffner, *Geschichte eines Deutschen. Die Erinnerungen 1914–1933*, Stuttgart u. München 2000

Heinrich Heine, *Sämtliche Schriften*, 12. Bd., hrsg. von Klaus Briegleb, Frankfurt am Main u. a. 1981

Wolfgang Hoffmann-Riem, »Medienregulierung als objektiv- rechtlicher Grundrechtsauftrag«, in: *Medien & Kommunikationswissenschaft* 50 (2002), S. 175–194

H. H. Houben, *Der ewige Zensor. Längs- und Querschnitte durch die Geschichte der Buch- und Theaterzensur*. Nachdruck der Ausgabe von

1926. Mit einem Nachwort von Claus Richter und Wolfgang Labuhn. Kronberg/Ts. 1978

Karl Kraus, *Die Fackel*, 12 Bde., Frankfurt am Main 1980

Jaron Lanier, *Zehn Gründe, warum du deine Social Media Accounts sofort löschen musst*, Hamburg 2018

Ludwig Marcuse, *Heinrich Heine. Melancholiker – Streiter in Marx – Epikureer*, Zürich 1980

Ingo von Münch, *Meinungsfreiheit gegen Political Correctness*, Berlin 2017

Eli Pariser, *Filter Bubble. Wie wir im Internet entmündigt werden*, München 2012

Klaus Petersen, *Zensur in der Weimarer Republik*, Stuttgart u. Weimar 1995

Peter Rühmkorf, *Bleib erschütterbar und widersteh. Aufsätze – Reden – Selbstgespräche*, Reinbek 1984

Ralf Schröder, »Literaturgeschichtliche Anmerkungen«, in: Michail Bulgakow, *Das Leben des Herrn de Molière*, München 2005

Schlecky Silberstein, *Das Internet muss weg. Eine Abrechnung*, München 2018

David Foster Wallace, *Das hier ist Wasser / This is Water. Anstiftung zum Denken. Zweisprachige Ausgabe*, Köln 2012

Volker Weidermann, *Das Buch der verbrannten Bücher*, Köln 2008

 D C B A
Bibliographisches Institut GmbH, Mecklenburgische Straße 53, 14197 Berlin

Redaktion Dr. Ludger Ikas
Herstellung Alina Rieger
Layout, Satz und Umschlaggestaltung Schimmelpenninck.Gestaltung, Berlin
Umschlagabbildung Shutterstock/Ilya Andriyanov
Druck und Bindung CPI books GmbH, Birkstraße 10, 25917 Leck
Printed in Germany

ISBN 978-3-411-71773-6
Auch als E-Book erhältlich unter: ISBN 978-3-411-91278-0
www.duden.de